www.tredition.de

AF177408

Donar Rau

Heilung im endlosen Bewusstsein

Praxis der Kinesiosophie®

www.tredition.de

© 2017 Dr. Donar Rau

Verlag und Druck: tredition GmbH, Grindelallee 188, 20144 Hamburg

ISBN
Paperback: 978-3-7439-2321-8
Hardcover: 978-3-7439-2322-5
e-Book: 978-3-7439-2323-2

Dem unbegreiflichen Gott

Inhaltsverzeichnis

Vorwort

Liebe Leserinnen und Leser, mit dem vorliegenden Buch möchte ich Sie mit der Heilmethode der Kinesiosophie vertraut machen. Es handelt sich hierbei nicht um ein wissenschaftliches Buch. Für eine Analyse sind die Bereiche, in denen die Kinesiosophie wirkt, nicht geeignet. Selbst eine erklärende Darstellung ist nicht ganz unproblematisch, weil es bei dieser Form der Therapie primär um psychoenergetische Prozesse geht. Aufgrund des metaphysisch bedingten Arbeitsbereiches dieser Heilmethode werden wir es im Verlauf der folgenden Kapitel durchweg mit heiklen Themen und anspruchsvollen Begriffen zu tun haben.

Da es mir persönlich wichtig erscheint, bei meinen Leserinnen und Lesern ein Verständnis für besagte Problematik zu schaffen, möchte ich deshalb gleich im ersten Kapitel etwas differenzierter über die Begrenzungen unserer Erkenntnisfähigkeit reflektieren.

Im Anschluss daran werde ich in den einzelnen Kapiteln Schritt für Schritt die Bereiche thematisieren, die Bestandteil der kinesiosophischen Heilarbeit sind. Um die Begriffe, mit denen wir es in diesem Buch zu tun haben werden, besser verstehen zu können, greife ich auf verschiedene Autoren zurück und werde deren Begrifflichkeit in meine Betrachtungen mit einbeziehen.

Die Kinesiosophie ist eine Heilmethode, die primär im Bereich der Seele agiert. Der Begriff der „Seele" ist jedoch schwer zu definieren. Obgleich ich in meiner therapeutischen Arbeit die Wirkungen der Seele deutlich wahrnehmen kann, gerate ich in Erklärungsnot, wenn ich versuche, sie mit sprachlichen Mitteln klar und präzise zu beschreiben.

Die Entstehung dieses Buches wurde von dem Wunsch getragen, die Kinesiosophie und deren Implikationen möglichst präzise mit sprachlichen Mitteln darzustellen. Dass meine Darlegungen trotz aller Bemühungen unzureichend bleiben, hat mit der Welt des Übersinnlichen zu tun. Es ist keine einfache Aufgabe, über etwas zu sprechen, das sich nicht wie ein räumlicher Gegenstand beschreiben lässt. Umso mehr würde ich mich freuen, wenn es mir trotzdem gelänge, Ihr Interesse für diese unkonventionelle Heilarbeit zu wecken und Sie Freude am Lesen dieses Buches hätten.

Es ist meine feste Überzeugung: Eine tiefgreifende und nachhaltige Heilung kann nur im Bereich der Seele erzielt werden. Wer heil sein will, muss sich mit diesem, den Menschen überschreitenden, endlosen Bewusstsein auseinandersetzen. Wer die Seele leugnet, wird weder heil noch vollkommen gesund sein können. Denn sie ist die Hüterin all unserer Verletzungen sowie karmischer Verstrickungen. Und nur in ihr kann die Heilung unseres Schmerzes und unserer Leiden gefunden werden. Hierfür steht die Kinesiosophie.

1. Grenzen des Vorstellbaren

Vieles, was unsere Wirklichkeit bestimmt, liegt außerhalb unseres Vorstellungsvermögens. Die Dominanz des Materialismus in den Wissenschaften hat unsere Weltsicht und unser Menschenbild einseitig geprägt. Für den Menschen, der primär der von den Naturwissenschaften bestimmten öffentlichen Meinung folgt, ist es schwer vorstellbar, dass neben der sinnlich wahrnehmbaren Welt auch noch eine feinstoffliche Wirklichkeit existiert. Wer mit dieser Dimension noch keine persönlichen Erfahrungen gemacht hat, wird Schilderungen darüber in den Bereich der Phantasie verweisen.

Es ist das Verdienst von Ludwig Wittgenstein, diese Problematik aus sprach-philosophischer Sicht explizit gemacht zu haben. In seinem Frühwerk „Tractatus logico-philosophicus" hat er minuziös aufgezeigt, in welchem Verhältnis unsere Sprache zur Wirklichkeit steht. Unsere Sprache ist ein Mittel, die Wirklichkeit darzustellen. Mit Worten und unter Verwendung grammatikalischer Regeln bilden wir die Sachverhalte unserer Lebenswelt ab. Das Substantiv vertritt den Gegenstand, und Verben bezeichnen die Tätigkeiten. „Der Satz ist ein Bild der Wirklichkeit." (T, 4.01)

Nehmen wir als Beispiel folgenden Aussagesatz: „Das Buch liegt auf dem Tisch." Das Substantiv „Tisch" repräsentiert das im Raum vorhandene dreidimensionale Objekt, das in der Regel mit einer Platte und vier Beinen ausgestattet ist. In der Sprachphilosophie nennt man diesen räumlichen Gegenstand Referenzobjekt. Die in einem Umschlag gefassten und gebundenen, rechteckigen Papierseiten sind also das Referenzobjekt des Wortes „Buch". Das Entscheidende bei diesem Beispiel ist die Frage nach dem Wahrheitsgehalt der Aussage. Der Satz „Das Buch liegt auf dem Tisch." ist dann wahr, wenn ein Referenzobjekt gegeben ist, das dem Bild der Aussage entspricht. „Das Bild stimmt mit der Wirklichkeit überein oder nicht; es ist richtig oder unrichtig, wahr oder falsch." (T, 2.21)

Worauf Wittgenstein in seinem „Tractatus" hinaus will, ist, eine klare Unterscheidung zwischen sinnvollen und unsinnigen Aussagen zu finden. Für ihn ist ein Satz sinnvoll, wenn man ihn verifizieren kann, das bedeutet, wenn man ihn mit einem Referenzobjekt vergleichen kann. „Die Wirklichkeit muss durch den Satz auf ja oder nein fixiert sein." (T, 4.023) Wittgenstein glaubte, mit dem „Tractatus" die Probleme der Philosophie endgültig gelöst zu haben: „Wovon man nicht sprechen kann, darüber muß man schweigen." (T, 7)

Auch wenn Wittgenstein zwanzig Jahre später in seinen „Philosophischen Untersuchungen" von dem Radikalismus seines Frühwerkes abweicht, besteht seine hervorragende Leistung darin, das Verhältnis zwischen sprachlich bedingten Konstruktionen und der Wirklichkeit auf eine unvergleichlich präzise Art und Weise thematisiert zu haben. Wovon ich mich jedoch mit aller Entschiedenheit distanzieren möchte, ist Wittgensteins viel zitierte These: „Die Grenzen meiner Sprache bedeuten die Grenzen meiner Welt." (T, 5.6) Ich denke, dies ist ein ziemlich reduziertes Menschenbild. Wollte man die Fähigkeiten des Menschen darauf beschränken, was sprachlich sag- und verifizierbar ist, wäre dies eine armselige Welt. Es besteht kein Zweifel, man hat es mit Grenzen zu tun, wenn man den Versuch unternimmt, über Dimensionen zu sprechen, über die man aus erkenntnistheoretischer Sicht keine verifizierbaren Aussagen machen kann. Und wenn man nicht, wie Wittgenstein postuliert, darüber schweigen will, begibt man sich auf wackeliges Terrain.

Die Bereiche, mit denen ich es im Rahmen meiner therapeutischen Arbeit zu tun habe, sind durchweg immaterieller Natur. Wenn ich im Folgenden beispielsweise von „Weltengedächtnis", „wissendem Feld" oder „Karma" spreche, dann fehlt mir die Möglichkeit, meine Aussagen anhand eines fassbaren Referenzobjektes verifizieren zu können. Den Wahrheitsgehalt meiner Aussagen kann ich nicht prüfen, indem ich diese mit der sinnlich wahrnehmbaren Welt vergleiche. Es handelt sich bei all dem, was ich thematisiere, nicht um dreidimensionale Objekte wie Tische oder Bücher, um bei meinem Beispiel zu bleiben.

Das einzige Kriterium, das ich als Prüfstein für meine Darlegungen nennen kann, ist die Erfahrung. Man muss Erfahrungen im Bereich der geistigen Welt gemacht haben, um deren Dimension und Wirken begreifen zu können. Allerdings kann man die entsprechenden Erfahrungen nicht einfach so ohne weiteres machen. Um Erfahrungen in der feinstofflichen Wirklichkeit machen zu können, muss man seinen Wahrnehmungsapparat entsprechend ausgebildet haben. Rudolf Steiner war einer der ersten, der diese Thematik Anfang des 20. Jahrhunderts in den deutschsprachigen Raum eingeführt und einen konsequenten Schulungsweg beschrieben hat. In seinem Buch „Wie erlangt man Erkenntnisse der höheren Welten?" beschreibt Steiner Übungen, die darauf abzielen, die eigenen Sinne derart zu sensibilisieren, dass man in die Lage versetzt wird, Phänomene der geistigen Welt wahrnehmen zu können. „Wie im Leibe Auge und Ohr als Wahrnehmungsorgane, als Sinne für die körperlichen Vorgänge sich entwickeln, so vermag der Mensch in sich seelische und geistige Wahrnehmungsorgane auszubilden, durch die ihm die Seelen- und die Geisteswelt erschlossen werden. Für denjenigen, der solche höheren Sinne nicht hat, sind diese Welten *finster und stumm*, wie für ein Wesen ohne Ohr und Auge die Körperwelt *finster und stumm* ist." (Steiner, 2012: 81)

Man muss jedoch betonen, dass Steiners Lehren keine neuen Erkenntnisse liefern. In vielen indigenen Kulturen, im Schamanismus und in den unterschiedlichsten Priesterkasten der östlichen Welt sind übersinnliche Phänomene und die Schulung der dazugehörigen Fähigkeiten Bestandteil des alltäglichen Lebens. In Deutschland gibt es in dieser Hinsicht keine Tradition. Die Inquisition der katholischen Kirche dürfte ein Grund dafür sein, weshalb Praktiken im Bereich des Übersinnlichen nicht tradiert wurden.

Obgleich die Akzeptanz für Steiners Thesen seitens der Gesellschaft zu Beginn des 20. Jahrhunderts nicht groß gewesen sein dürfte, hat er den Mut gehabt, mit der Anthroposophie in Deutschland ein Menschenbild zu etablieren, das dem von den Naturwissenschaften geprägten Bild des Menschen geradezu diametral entgegenstand. In Zeiten des Internets und der mit ihm einhergehenden Informationsflut kann man sich diese Diskrepanz kaum mehr vorstellen. Interessant ist die Tatsache, dass sich die Vorurteile aus den vergangenen Jahrhunderten weitestgehend erhalten haben, obwohl wir uns heute für so aufgeklärt halten. Übersinnliche Phänomene werden nach wie vor von den Wissenschaften ignoriert.

Vielleicht gibt es Hoffnung, dass sich der Mensch irgendwann daran erinnert, dass er mehr ist als das Modell, das die Naturwissenschaft liefert. Fest steht, aufgrund unserer einseitigen Fixierung auf die linke Hirnhälfte haben wir uns selbst einiger Fähigkeiten beraubt. Jeder Einzelne von uns hat nun die Wahl, sich diese Fähigkeiten zurückzuerobern. Nicht schweigen, wie Wittgenstein fordert, sondern verstehen, dass wir Menschen mehr sind als das, was uns unser logisch-kausales Denken zu bieten hat. Die Begrenzungen des Vorstellbaren lassen sich nur dadurch erweitern, dass wir unseren Wahrnehmungsapparat beziehungsweise unsere Sinne schulen und in den genannten Bereichen vorurteilslos Erfahrungen sammeln.

2. Weltgedächtnis und wissende Felder

Zu den Dingen, die unser Vorstellungsvermögen aufs äußerste herausfordern, zählt ein Phänomen, das von einigen Geisteswissenschaftlern und Philosophen mit den unterschiedlichsten Begriffen bezeichnet worden ist. In der frühen indischen Philosophie hat man dieses mit dem aus dem Sanskrit stammenden Begriff „Akasha" belegt, was so viel wie Himmel, Raum oder Äther bedeutet. Gemeint ist mit diesem Begriff eine Art Weltgedächtnis, ein universeller Speicher, der nicht etwa wie die Hardware unseres Computers zu lokalisieren wäre, sondern im kosmischen Raum seine Informationen trägt. Rudolf Steiner hat in diesem Kontext viel geforscht und eine ganze Reihe von Vorträgen hinterlassen, in denen er die Geschichte unseres Planeten und der Menschheit beschreibt. Das Besondere an diesen Vorträgen ist, dass er, wie er selbst betont, die Inhalte derselben aus der „Akasha-Chronik" gelesen habe. In einem Vortrag vom 1. Juli 1904 („Lesen in der Akasha-Chronik Wolfram von Eschenbach") gibt er zu verstehen, „dass alle Ereignisse, welche geschehen sind, in einer gewissen Weise aufgezeichnet sind in einer ewigen Chronik, in dem Akasha-Stoff, der ein viel feinerer Stoff ist als die Stoffe, welche wir kennen." Synonym bezeichnet Steiner die Akasha-Chronik in diesem Vortrag auch als „universellen Weltgeist".

Es ist für uns rational geprägte Menschen, die wir mit einem naturwissenschaftlichen Weltverständnis groß geworden sind, äußerst schwierig, uns vorstellen zu können, dass es eine immaterielle Sphäre gibt, in der alles, was wir Menschen je gedacht, gefühlt und getan haben, im Sinne einer abrufbaren Information festgeschrieben ist. C.G. Jung vertritt mit seiner Theorie des „kollektiven Unbewussten" eine ähnliche Auffassung wie Steiner. Jung beschreibt das kollektive Unbewusste als einen überpersönlichen Bereich, anders formuliert, als einen Bereich, der unabhängig von der Einzelperson existiert. Die Inhalte, die ein Mensch aus diesem Bereich unbewusst empfängt, sind Resultat der Menschheitsgeschichte. Untrennbar von der Jungschen Theorie des kollektiven Unbewussten ist die der Archetypen. Jung geht davon aus, dass es im besagten Bereich so etwas wie archetypische Muster gibt, die immer schon auf die individuelle Psyche des Einzelnen einwirken. Ohne näher auf die Theorie der Archetypen eingehen zu wollen, ist für die vorliegenden Überlegungen entscheidend, dass auch Jung einen universellen Informationsspeicher voraussetzt. In einem Brief an Albert Oeri vom 4. Januar 1929 bezeichnet er diesen auch als „omnipräsentes Kontinuum". An anderer Stelle betont Jung, dass das, was er unter dem Begriff des kollektiven Unbewussten fasst, keineswegs eine „spekulative noch eine philosophische, sondern eine empirische Angelegenheit" sei. (Jung, GW 9/1, § 92) Ebenso wie Steiner ist Jung der Überzeugung, „dass sich Wahrnehmungen ereignen, die teils so vor sich gehen, als ob es keinen Raum, teils so, als ob es keine Zeit gäbe. [...] Dass unser Anschauungsvermögen ganz und gar außerstande ist, sich eine raumzeitlose Seinsform zu imaginieren, beweist letzten Endes ja keineswegs, dass eine solche an sich unmöglich ist." (Jung, 1983: 176-177)

Ein weiterer Autor, der die Auffassung vertritt, dass wir Menschen von einer Sphäre umgeben sind, die Informationen über Vergangenes bereithält, ist Bert Hellinger. In den späten siebziger Jahren hat Hellinger im Rahmen seiner gestalttherapeutischen Arbeit durch Zufall entdeckt, dass Personen, die andere repräsentieren, unvermittelt wie diese zu fühlen beginnen. Auf der Grundlage dieses Phänomens hat er in der Folge seine therapeutische Methode entwickelt, die dann unter dem Namen „Familien-Stellen" weltweit Furore machte. Die Aufstellungsarbeit hat sich im Laufe der Jahrzehnte stetig weiterentwickelt und ist aus der Reihe der therapeutischen Methoden heute nicht mehr wegzudenken. Der Kern dieser Arbeit besteht in zwei äußerst faszinierenden Erscheinungsformen: dem Phänomen der „repräsentativen Wahrnehmung" (vgl. Varga von Kibéd in „Aufstellungsarbeit revisited") und dem Phänomen des „wissenden Feldes" (Hellinger, 2001: 25). Was sich unzählige Male bewiesen hat und auch reproduzierbar ist, ist die Tatsache, dass Menschen in einem entsprechenden Setting in der Lage sind, andere Personen zu repräsentieren und, sobald sie die Stellvertreterrolle eingenommen haben, beginnen, wie diese zu empfinden.

„Was das Familien-Stellen betrifft, hat das Aufstellen zuerst von sich aus und für alle Beteiligten überraschend gezeigt, dass die Stellvertreter mit den Personen, die sie vertreten, in Kontakt kommen, ohne dass sie diese kennen. Es hat also gezeigt, dass es etwas gibt, was die Stellvertreter mit diesen Personen verbindet, ohne dass wir genau wussten, was dieses sein kann. Rupert Sheldrake nennt es ‚extended mind'. Er spricht auch von einem morphischen Feld, in dem wir uns bewegen, in dem alles Frühere gespeichert ist und in die Gegenwart hereinwirkt. Das Gegenwärtige ist also mit dem Früheren in Resonanz, sowohl im Guten wie im Schlimmen." (Hellinger, 2005: 39)

Was das Phänomen der repräsentativen Wahrnehmung betrifft, so gibt es unterschiedliche Auffassungen darüber, wie es sein kann, dass ein Mensch, der stellvertretend für eine andere Person steht, plötzlich wie diese empfindet. Hellinger geht davon aus, dass wir Menschen über eine „den Einzelnen übersteigende und ihn steuernde wissende Seele" (Hellinger, 2001: 25) verbunden sind, und dass wir in einem entsprechenden

Setting und aufgrund einer bestimmten Haltung in der Lage sind, mit den Inhalten dieser wissenden Seele in Resonanz zu gehen. Stellvertreter können die Emotionen und Gedanken der Personen, die sie repräsentieren, verblüffend genau zum Ausdruck bringen. Hierfür müssen die Stellvertreter nicht einmal speziell ausgebildet sein. Grundsätzlich kann das jeder Mensch ohne besondere Voraussetzungen. Allerdings bedarf es bei der Funktion des Stellvertreters einer speziellen Haltung. Hellinger spricht in diesem Kontext von der sogenannten „phänomenologischen Haltung" (Hellinger, 2001: 25) und meint damit die Konzentration auf das, was sich den Emotionen und Gedanken des Stellvertreters direkt im Spannungsfeld des Aufstellungsprozesses mitteilt. An anderer Stelle spricht er auch von „Wissen durch Teilhabe" (Hellinger, 2001: 24), das bedeutet, der Stellvertreter weiß, indem er am Aufstellungsprozess beteiligt ist, worum es geht.

„Es zeigt sich also beim Familien-Stellen, dass zwischen dem Klienten und den Mitgliedern seines Systems ein wissendes Kraftfeld wirkt, das Wissen ohne äußere Vermittlung allein durch Teilhabe ermöglicht, und, was noch überraschender ist, dass auch die Stellvertreter, die ja mit dieser Familie sonst nichts zu tun haben und von ihr auch nichts wissen können, an dieses Wissen und an die Wirklichkeit dieser Familie angeschlossen sein können." (Hellinger, 2001: 25)

Anders als vergleichsweise bei Steiner müssen die Stellvertreter keine spezielle Sensitivitätsschulung durchlaufen haben, um im Rahmen einer Aufstellung Informationen aus dem universellen Speicher erhalten zu können. Das wissende Feld teilt sich direkt mit. Es ist immer und überall vorhanden, unabhängig davon, ob ich die Aufstellung in Deutschland oder an einem anderen Ort dieser Erde mache. Die einzige Voraussetzung, die ein Stellvertreter mitbringen muss, um an diesem wissenden Kraftfeld teilhaben zu können, ist die Fähigkeit, sich absichtslos und ohne Furcht auf das Geschehen einzulassen. Repräsentiert man eine andere Person, geht es darum, sich ohne Vorurteile hinzugeben, das Denken sein zu lassen und sich rezeptiv, das heißt, sich empfänglich zu machen für das, was zum Ausdruck kommen möchte.

Daan van Kampenhout, der in seiner therapeutischen Arbeit das Familien-Stellen mit dem Schamanismus verknüpft hat, betrachtet die Aufstellungsarbeit als ein Ritual, in dem der geistigen Welt die Möglichkeit eröffnet wird, sich über die Stellvertreter ausdrücken zu können. Aus der Sicht Kampenhouts ist der Stellvertreter ein Medium, das vorübergehend der geistigen Welt seinen Körper zur Verfügung stellt. Körperlose Wesenheiten können dergestalt die Physis des Stellvertreters nutzen und sich mitteilen.

„In einer Aufstellung stellen die Stellvertreter ihren physischen Körper zeitweilig anderen Seelen und Geistern zur Verfügung. Das klingt sehr archaisch – was es in Wirklichkeit auch ist. Betrachtet man den Prozess des Aufstellens einer Familie mit dem Wissen über traditionelle schamanische Zeremonien im Hinterkopf, dann scheint eine Aufstellung ein vereinfachtes und komprimiertes Ritual zu sein, um Geister einzuladen und ihnen einen temporären Körper anzubieten." (Kampenhout, 2003: 89)

Im Schamanismus geht man ebenfalls davon aus, dass neben unserer alltäglichen Wirklichkeit eine feinstofflichere Realität existiert. In Form eines veränderten Bewusstseinszustandes ist der Schamane in der Lage, diese andere Realität zu bereisen und mit den dort beheimateten körperlosen Wesenheiten zu kommunizieren. Wenn ein kranker Mensch einen Schamanen konsultiert und ihn um Beistand für seine Heilung bittet, hat dieser die Aufgabe, in der geistigen Welt Informationen hinsichtlich der Ursache für die Krankheit zu sammeln. Der Schamane ist auch in der Lage, mit den Geistwesen zu verhandeln und Korrekturen zur Wiederherstellung der Gesundheit des Klienten in der geistigen Welt vorzunehmen. Die Kommunikation mit Geistwesen in der nichtalltäglichen Wirklichkeit ist zentraler Bestandteil des Schamanismus. Es sei an dieser Stelle nur nebenbei erwähnt, dass Schamanismus seit Jahrhunderten weltweit in den unterschiedlichsten Ethnien

praktiziert wird, und dass all diese schamanistisch geprägten Kulturen von der Existenz einer geistigen Welt
ausgehen.

Wenn man die vorangegangenen Überlegungen zu-
sammenfasst und mit etwas Abstand betrachtet,
könnte man meinen, dass die genannten Autoren von
ein und demselben Phänomen sprechen, dieses jedoch
auf unterschiedliche Weise interpretieren, beziehungsweise verschiedene Aspekte desselben hervorheben.
Rudolf Steiners Begriff der Akasha-Chronik beinhaltet
ebenso wie Hellingers Vorstellung von einem wissenden Feld die Überzeugung, dass wir Menschen durch
die Art und Weise, wie wir denken, fühlen und handeln,
Spuren in einer feinstofflichen Sphäre hinterlassen. Die
Akasha-Chronik gleicht einem Meer von aufgezeichne-
ten Ereignissen und Biographien, die unabhängig von
Ort und Zeitpunkt ad hoc abgerufen werden können.
Das Schöne an der Aufstellungsarbeit ist die Tatsache,
dass die „große Seele", wie Hellinger es unter anderem
nennt (2005:21), leicht erfahrbar ist. Man muss nur
einmal als Stellvertreter an einer Aufstellung teilge-
nommen haben, um spüren und begreifen zu können,
was damit gemeint ist.

Auch C. G. Jungs Vorstellung von einem kollektiven Unbewussten scheint sich auf dieselbe Dimension zu be-

ziehen. Schließlich bezeichnen die sogenannten Archetypen nichts Anderes als psychische Muster, die außerhalb des menschlichen Gehirns vorhanden sein sollen. Aus der Sicht von Jung bezeichnet das kollektive Unbewusste ein übergeordnetes System nicht-persönlicher Wesenszüge, die sich auf die Psyche des Einzelnen auswirken. Auch die geistige Welt, wie sie im Schamanismus beschrieben wird, bezeichnet eine Sphäre außerhalb des Menschen, genauer gesagt, eine Sphäre, die sowohl innen als auch außen existiert. Unser individuelles Gedächtnis ist Teil des Weltgedächtnisses. Und was in ihm enthalten ist, ist unbewusst und latent auch in uns enthalten.

Der Kardiologe Pim van Lommel hat im Rahmen seiner ärztlichen Tätigkeit Hunderte von Patienten befragt, die eine sogenannte Nahtoderfahrung hatten, und deren Schilderungen aufgezeichnet und ausgewertet. In seinem Buch „Endloses Bewusstsein" berichtet er von einigen dieser Schilderungen und fasst die Gemeinsamkeiten der dokumentierten Fälle zusammen. Alle Patienten, die durch eine lebensbedrohliche Situation oder einen Herzstillstand ausgelöste Nahtoderfahrung hatten, berichten von ähnlichen Erlebnissen. Zu den von Lommel zusammengefassten Gemeinsamkeiten gehört das Phänomen der außerkörperlichen Erfahrung. Betroffene schildern, dass sie, während sie für klinisch tot erklärt waren, auf ihren leblosen Körper herabschauen konnten und beispielsweise beobachtet hatten, wie dieser von Ärzten reanimiert wurde. Andere hingegen erzählen, wie sie während dieser Zeit verstorbenen Angehörigen oder Bekannten begegnet seien und in der Lage waren, sich mit diesen nonverbal zu verständigen. Im Kontext seiner Untersuchungen kommt Lommel zu dem Schluss, dass eine Nahtoderfahrung einem außergewöhnlichen Bewusstseinszustand gleicht, durch den die Betroffenen vorübergehend Einsichten in ein uns übersteigendes universales Bewusstsein erhalten.

„Aufgrund prospektiver Studien zur Nahtoderfahrung, neuerer Erkenntnisse der neurophysiologischen Forschung und der Entdeckungen der Quantenphysik bin ich zu der festen Überzeugung gelangt, dass das Bewusstsein weder an eine bestimmte Zeit noch einen bestimmten Ort gebunden ist. Dieses Phänomen nennt man Nicht-Lokalität. In einem solchen Raum, in dem Vergangenheit, Gegenwart und Zukunft gleichzeitig existieren und zugänglich sind, ist das vollkommene und endlose Bewusstsein allgegenwärtig. Es ist ständig um uns herum und in uns präsent. [...] Unser Bewusstsein hat weder einen Anfang noch wird es je ein Ende haben." (Lommel, 2014: 22-23)

Lommels Vorstellung von einem endlosen Bewusstsein ist sicher nicht einfacher zu verstehen als die Begriffe, die wir in den vorangegangenen Überlegungen kennengelernt haben. „Bewusstsein" ist ein äußerst unklarer Begriff, da er in so vielen verschiedenen Bereichen auf unterschiedliche Weise gebraucht wird. In unserem alltäglichen Sprachgebrauch wird dieser Begriff relativ inflationär verwendet. Man muss zwischen dem persönlichen Bewusstsein eines Menschen und dem endlosen Bewusstsein, das alles umfasst, deutlich unterscheiden. Spricht man von Bewusstsein in Bezug auf den Menschen, ist damit das Wachbewusstsein gemeint. Ein Mensch kann sich einer Sache und seiner selbst bewusst sein. Das endlose Bewusstsein hingegen bezeichnet nichts Anderes als Hellingers Vorstellung von einer „großen Seele".

Lommel versteht eine Nahtoderfahrung als einen zeitlich begrenzten Einblick in das endlose Bewusstsein. Das bedeutet: Inwieweit ein Mensch Zugang zu Aspekten desselben hat, hängt von seinem Bewusstseinszustand ab. Der von Steiner beschriebene Schulungsweg zielt ebenfalls auf einen veränderten Bewusstseinszustand ab. Zwar gebraucht Steiner nicht den Begriff des Bewusstseins, aber sein Schulungsweg soll zu einer veränderten Wahrnehmung führen. Was im Rahmen von Aufstellungen geschieht, könnte man auch außergewöhnliche Bewusstseinszustände nennen. Und ein Schamane macht nichts Anderes, als sich mit seiner Trommel oder Rassel in einen Trance-Zustand zu ver-

setzen. Doch bei all den beabsichtigten und schicksal-
haften Zuständen können wir Menschen immer nur
Ausschnitte und Bruchstücke des grenzenlosen Bewusstseins wahrnehmen. Das, was wir als große Seele,
wissendes Feld, Akasha-Chronik oder endloses Bewusstsein kennengelernt haben, bleibt uns Menschen
im Grunde ein Geheimnis. Zwar können wir Einblicke in
dieses Mysterium erlangen, aber wirklich begreifen
können wir es nicht.

3. Ebenen des Verstehens

Es ist interessant zu sehen, wie viele unterschiedliche Auslegungen es von ein und derselben Sache gibt. Von esoterisch inspirierten Ideen über schamanistisch konturierte Vorstellungen bis hin zu psychologisch fundierten Modellen gibt es nichts, worüber hinsichtlich dessen, was im Rahmen von Aufstellungen geschieht, nicht schon in irgendeiner Form spekuliert worden wäre. Was all diesen Erklärungsversuchen jedoch gemeinsam ist, ist ein grundlegendes Nichtverstehen. Es gibt schlichtweg keine endgültige Klärung der Frage, was bei Aufstellungen eigentlich passiert.

Mit Worten und Begriffen versuchen wir uns eines Geschehens zu bemächtigen, dessen Zustandekommen und Wirken letztlich jedoch unser Vorstellungsvermögen überschreitet. Bei der gedanklichen Reflexion dessen, was während eines Aufstellungsprozesses passiert, spüren wir die Begrenztheit unseres rationalen Denkens und kommen in Erklärungsnot, sobald wir die Ursache zu fassen suchen.

Bei genauerer Betrachtung zeigt sich, dass dieses Unterfangen etwas mit unserem sprachlich bedingten Denken zu tun hat. Nur weil wir so etwas wie eine Sprache haben, können wir über die Welt und uns selbst reflektieren. Zugleich aber verhindert diese Fähigkeit ein unmittelbares Verstehen. Das Vehikel unseres Denkens ist die Sprache. (vgl. Wittgenstein, PU, §329)

Wenn wir diskursiv denken, denken wir in Form von sprachlichen Zeichen und unterliegen der Grammatik unserer Sprache. Das Wort steht für den Gegenstand, den es bezeichnet, so wie der sprachliche Text für den Sachverhalt steht, der in ihm zum Ausdruck kommt. Das heißt, das, was wir mittels unserer Sprache bezeichnen, ist grundsätzlich etwas Anderes als die sprachlichen Zeichen selbst. Die Schwierigkeit ist, wir verwenden unsere Sprache, um auf etwas zu verweisen, das selbst nichtsprachlicher Natur ist. Die zentrale Frage, die sich in diesem Kontext aufdrängt, lautet: Inwieweit sind wir in der Lage, ein nichtsprachliches Phänomen adäquat mit sprachlichen Mitteln zu beschreiben beziehungsweise zu erklären?

Aus erkenntnistheoretischer Sicht ist die Aufstellungsarbeit geradezu ein Präzedenzfall für die Unmöglichkeit einer zufriedenstellenden und abschließenden Interpretation. Aufgrund der Bedingtheit unseres Erkenntnisvermögens sind wir bei jedem Erklärungsversuch immer mit der Problematik der Stellvertreterfunktion von sprachlichen Zeichen konfrontiert. Erschwerend kommt hinzu, dass das Phänomen, das wir zu erklären suchen, ebenfalls in Form der Stellvertretung zum Ausdruck kommt. In einer Aufstellung steht ein Stellvertreter repräsentativ für jemanden/etwas. Nicht die repräsentierte Person/Sache spricht für sich selbst, sondern der Stellvertreter bringt an deren Stelle etwas zum Ausdruck. Ebenso wie das sprachliche Zeichen steht der Stellvertreter für etwas Anderes.

Was wir eigentlich verstehen wollen, ist die Frage, wie es sein kann, dass Stellvertreter repräsentativ über jemanden oder eine Sache etwas zum Ausdruck bringen können, ohne dieses oder jenes zu kennen. Die Schwierigkeit besteht in der Erklärung dessen, was für unser Auge nicht sichtbar ist, also das Wirken hinter dem offen zu Tage tretenden Geschehen. An das wirkende Prinzip können wir uns mit Worten lediglich herantasten. Aber den Wahrheitsgehalt unserer Worte können wir nicht verifizieren, da uns das Referenzobjekt beziehungsweise die konkrete Verweisungssituation für den Vergleich zwischen Aussage (Satz) und Sachverhalt fehlt. Was wir beschreiben können, sind Auswirkungen, also das, was über die Wahrnehmung der Stellvertreter zum Ausdruck kommt, aber nicht dasjenige, woraus sich die Wahrnehmung speist.

Bert Hellinger bezeichnet die von ihm entwickelte Aufstellungsarbeit als „phänomenologischen Erkenntnisweg" (2001: 24-25). Könnten wir unser Verstehen auf das rein wahrnehmende Moment beschränken, wäre diese Bezeichnung zutreffend. Aber leider ist die Angelegenheit etwas komplexer, und wir wissen, dass auch Hellinger mit seinen Deutungen weit über die Ebene der bloßen Wahrnehmung hinausgegangen ist.

Die Phänomenologie im Gegensatz zu rein geisteswissenschaftlichen Erkenntnismethoden schöpft ihre Erkenntnisgewinnung aus dem unmittelbar Gegebenen, aus dem, was sich den Sinnen zeigt (griech. *Phainōmenon* ~ Sichtbares, Erscheinung). Das, was im

Rahmen einer Aufstellung geschieht, ist tatsächlich erst einmal ein außersprachliches Phänomen. Aber es ist uns nur in äußersten Ausnahmefällen (z.B. meditative Zustände) möglich, ein Phänomen zu betrachten, ohne es zugleich in einen Sinnzusammenhang zu stellen. Wir verstehen die Dinge und das, was um uns herum geschieht, stets im Kontext eines vorgeprägten Weltwissens. Ein voraussetzungsloses Verstehen im Bereich des diskursiven Denkens ist uns nicht möglich. Sobald wir versuchen Zusammenhänge zu verstehen, greifen wir auf die Mittel unserer Sprache zurück. Wir zeichnen nicht einfach die Wirklichkeit nach, sondern interpretieren und ordnen die Sinneseindrücke mittels bedeutungstragender Zeichen. Die Sprache gliedert unsere Lebenswelt, aber nicht die Welt, deren Struktur sich in der Sprache zeigt, schreibt der Sprache ihr Wesen vor, vielmehr ist die Sprache das Urgegebene, ein Raster, durch das wir die Welt geordnet betrachten. „Alles Verstehen ist Auslegen, und alles Auslegen entfaltet sich im Medium der Sprache, die den Gegenstand zur Welt kommen lassen will [...]." (Gadamer, 1990: 392)

Wollten wir die Aufstellungsarbeit als rein „phänomenologischen Erkenntnisweg" betreiben, dürften wir streng genommen nicht interpretieren. Wir müssten das Aufstellungsgeschehen sich selbst entwickeln und zu einer Lösung kommen lassen, ohne es aufgrund unseres Vorwissens lenken zu wollen. Es leuchtet ein, dass wir unter dieser Voraussetzung nur schwer einen

Zugang zur Aufstellungsarbeit finden würden. Was ich im Umgang mit dieser Methode jedoch für wichtig halte, ist die Unterscheidung unterschiedlicher Ebenen des Verstehens (vergleiche hierzu Weber, Schmidt, Simon, 2005: 11-16):

1. *Phänomen:* Das Phänomen ist der Kern und Ausgangspunkt der Aufstellungsarbeit. Es ist ein außersprachliches Geschehen, über dessen Ursache und Wirkungsmechanismen wir nichts wissen, dessen Auswirkungen wir jedoch sinnlich-emotional wahrnehmen können.

2. *Beschreibung:* Die sinnliche Wahrnehmung lässt sich beschreibend in Worte fassen. Befindlichkeiten und Beziehungsdynamiken können von den Stellvertretern mehr oder weniger präzise (abhängig von den individuellen Voraussetzungen der Stellvertreter) benannt werden, ohne sie zu interpretieren oder zu bewerten. Die Ebene der Beschreibung ist aus erkenntnistheoretischer Sicht relativ unproblematisch.

3. *Interpretation:* Auf der Ebene der Interpretation bewegen wir uns auf schwierigem Terrain. Die oben dargestellten Gedanken sollten deutlich gemacht haben, dass wir auf dieser Ebene das Meiste unterstellen. Das hinter dem Aufstellungsgeschehen wirkende Prinzip ist für unser Auge nicht nachvollziehbar. Geht es um die Erklärung von Kausalitäten, zeigt sich in unseren Interpretationen nicht etwa ein Abbild der Tatsachen, sondern ein hypothetisches Gedankenkonstrukt, das in

erster Linie eine syntaktische Struktur mit semantisch bedingten Zeichen widerspiegelt. Kurz: Auf der Ebene der Erklärungen bewegen wir uns im Bereich der Hypothesenbildung.

4. *Bewertung:* Bewertungen hängen maßgeblich von unserem kulturspezifischen Weltbild ab. Ob wir etwas als sinnvoll erachten, als gut oder schlecht, richtig oder falsch beurteilen, ist eine Frage des Glaubenssystems, das wir in uns tragen. Jeder Einzelne von uns lebt in einem Meer von Meinungen und Urteilen. Viele unserer Überzeugungen sind bloß unreflektiert übernommene Vorurteile. Einiges ist Sach- und Fachwissen, das uns als Basis einer Urteilsbildung dient. Aber ungeachtet dessen, wie sehr wir unser Wissen reflektiert und unsere Überzeugungen durchdrungen haben, immer schöpfen wir aus diesem Meer subjektiver Wirklichkeiten. Wir beurteilen uns selbst, unsere Mitmenschen ebenso wie die Erscheinungen der Außenwelt stets vor diesem Hintergrund.

Auch wenn wir die dargestellten Ebenen unterscheiden können, sollten wir uns keine Illusionen machen: Beschreiben, Interpretieren und Bewerten sind in Wirklichkeit ineinandergreifende Tätigkeiten des menschlichen Geistes und lassen sich nur in der Theorie unterscheiden. Unser diskursives Denken ist immer schon interpretativ und bewertend, da die Mittel desselben, nämlich unsere Sprache, nicht einfach ein neutrales Beschreibungswerkzeug ist, sondern implizit Normen und Werte transportiert.

Was uns jedoch im Hinblick auf die Aufstellungsarbeit aus dieser Erkenntnis erwachsen kann, ist eine vorurteilslose Haltung. Wenn wir im Blick haben, dass unsere Erklärungen nichts weiter als Hypothesen, mögliche Beschreibungsmodelle sind, haben wir viel gewonnen. Wer sich des hypothetischen Gehalts von Erklärungsmodellen bewusst ist, wird vielleicht vorsichtiger handeln und zurückhaltend urteilen. Weder unreflektiert übernommene Vorurteile noch das Zurückgreifen auf inflationär gebrauchte und diffuse Begriffe sind der Forschung förderlich.

4. Karma und das universale Gesetz des Ausgleichs

Wir dürfen uns auch bei den folgenden Überlegungen nicht der Illusion hingeben, wir könnten das, wovon die Rede ist, ausreichend verstehen. Der Karmabegriff sowie dessen Implikationen sind äußerst schwierig zu begreifen. Es sei an dieser Stelle nochmals betont, dass wir mit unserem logischen Denken in diesem Bereich sehr schnell an unsere Grenzen kommen.

Der aus der altindischen Philosophie stammende Begriff „Karma" bedeutet übersetzt so viel wie „Tat" oder „Wirken". Gemeint ist mit ihm der Zusammenhang zwischen einer Handlung und deren möglichen Folgen. Unter Karma versteht man das Gesetz vom Zusammenhang zwischen Ursache und Wirkung. Jede Handlung zieht eine Wirkung nach sich. Wenn ich dieses oder jenes tue, hat dies entsprechende Auswirkungen auf meine Lebenswelt. Ob wir es wollen oder nicht, alles Denken und Handeln erzeugt Karma. Aber der Begriff des Karmas beinhaltet noch mehr als das bloße Ursache-Wirkungs-Prinzip. Er beinhaltet auch die Vorstellung, dass das, was unsere Handlungen bewirken, wieder auf uns zurückfällt.

„Wir können also nicht von Karma sprechen, wenn bloß eine Wirkung mit einer Ursache in Zusammenhang steht. [...] Ohne dass eine Wirkung erzeugt wird, die wieder zurückfällt auf das Ding oder die Wesenheit, welche diese Wirkung hervorbringt, ohne diese Eigentümlichkeit des Zurückwirkens der Wirkung auf das verursachende Wesen ist der Karmabegriff nicht zu denken. [...] Wir dürfen erst von einem Karma sprechen, wenn die Wirkung, die auf das Wesen zurückschlägt, beim Zurückschlagen auf dasselbe Wesen trifft, oder wenn das Wesen wenigstens in einem gewissen Sinne dasselbe geblieben ist." (Steiner, 1983: 12-13)

Im Volksmund kennen wir die Redewendung: „Wir ernten, was wir säen." Aus dem Amerikanischen ist mir der Spruch „What goes around comes around" bekannt. Wie aber können wir uns vorstellen, dass die Auswirkungen unserer Gedanken und Handlungen früher oder später auf uns selbst zurückfallen?

Der Heiler Daskalos spricht in diesem Kontext von „Elementalen". Jedes Gefühl, das ein Mensch haben kann, sendet eine entsprechende Schwingung aus. Jeder Gedanke und jedes Gefühl erzeugt aus der Sicht von Daskalos ein Elemental. Wobei die Art und Weise, wie ein Mensch denkt oder fühlt, die Qualität des jeweiligen Elementals bestimmt. Elementale werden von uns Menschen sowohl bewusst als auch unbewusst erzeugt. Entscheidend an Daskalos Darlegungen ist die

Vorstellung, dass Elementale sich verselbstständigen, das heißt, ab einem bestimmten Punkt führen sie eine von ihrem Erzeuger unabhängige Existenz. Daskalos versteht sie als ätherische Wesen, die – wie andere Wesen auch – eine Art Eigenleben haben. Jede Handlung ist eine karmische Episode, da sie ein Elemental erzeugt, das in das universale Bewusstsein eingeht.

„Es ist ein Naturgesetz, dass Elementale, die ausgesandt, die geschaffen worden sind, eines Tages zum Unterbewusstsein ihres Erzeugers zurückkehren müssen. [...] Die Tendenz der Elementale, zu ihrem Ursprung zurückzukehren, ermöglicht erst das Karma-Gesetz. So wird der Mensch früher oder später mit den Elementalen konfrontiert, die er bewusst oder unbewusst schafft. [...] Unsere heutige Persönlichkeit, [...] und die Umstände, in denen wir leben, sind die Summe der Elementale, die wir erzeugt haben, seit wir in die dreidimensionale Welt herabgestiegen sind und uns in den Kreislauf der Inkarnationen begeben haben. Elementale werden aus genau der gleichen Substanz geschaffen, aus denen auch Persönlichkeit und Universen im Großen und Allgemeinen erschaffen werden, das heißt aus ätherischem Stoff [...]." (Markides, 2004: 66-67)

„Karma" und „Akasha-Chronik" sind zwei Begriffe, die maßgeblich miteinander zu tun haben. Denn die Folgen einer Handlung, verlieren sich nicht etwa im luftleeren Raum, sondern bleiben als Aufzeichnung im universalen Gedächtnis erhalten. Wir erinnern uns, alles, was Menschen je gedacht, gefühlt und getan haben, ist in diesem Weltgedächtnis gespeichert. Man kann nicht behaupten, dass Daskalos Begriff des Elementals einfach wäre zu verstehen, aber er kennzeichnet den Umstand, dass diese, wie er es bezeichnet, „ätherischen Wesen" eine Eigendynamik entwickeln. Anders formuliert: Das, was in der Akasha-Chronik gespeichert ist, ist nicht etwa nur bloße Information, sondern lebendige Äthersubstanz, die sich ihre eigenen Wege sucht.

Wie Daskalos betont, müssen Elementale nicht zwangsläufig in diesem Leben auf ihren Verursacher zurückfallen. Das Gesetz des Karmas beinhaltet die Vorstellung, dass die menschliche Seele einem Kreislauf von Wiedergeburten unterworfen ist, und dass die Schulden, die ein Mensch im Laufe seines Lebens auf sich nimmt, nicht unbedingt in diesem Leben abgetragen werden müssen. Karma als solches aber muss „auf die eine oder andere Weise abgetragen werden. Das verlangt das universale Gesetz des Ausgleichs." (Markides: 2004: 113)

Was Daskalos als Naturgesetz bezeichnet, ist leider nicht so beschaffen, dass es einem unmittelbar einleuchtet. Wir kommen an dieser Stelle mit unserem logisch-kausalen Denken sehr schnell an eine Grenze. Und er selbst gesteht sich ein: „Karma ist äußerst schwierig zu verstehen." (Markides: 2004: 115) „[...] die großen Wahrheiten lassen sich nicht immer in Worte fassen, wie man auch die Frage nach der Existenz Gottes nicht mit Worten beantworten kann. Es gibt so viele Dinge, auf die man nicht mit Worten eingehen oder die man nicht durch Logik erfassen kann." (Markides: 2004: 109)

Fassen wir einmal zusammen: Unter Karma versteht man zunächst das Gesetz von Ursache und Wirkung. Mit diesem Begriff ist aber auch die Summe aller Gedanken, Gefühle und Taten eines Menschen gemeint. Jede Handlung sowie jedes Gefühl ist eine karmische Episode, insofern sie eine Erinnerung erzeugt. Daskalos bezeichnet Handlungen und Gefühle als Elementale und unterstreicht, dass diese ein eigenes Leben unabhängig von demjenigen, der sie ausgesandt hat, besitzen würden. Des Weiteren beinhaltet der Karmabegriff die Vorstellung, dass es in uns einen Teil gibt, der die Fähigkeit besitzt, sich an vergangene Inkarnationen zu erinnern. Daskalos spricht in diesem Zusammenhang auch von einer „permanenten Persönlichkeit" (Markides: 2004: 181). Durch sie werden Erfahrungen verschiedener Inkarnationen von einem Leben ins nächste getragen. Das universale Bewusstsein ist die Sphäre, in der alles Menschliche gespeichert wird. Wir hatten dieses auch unter der Bezeichnung „Akasha-Chronik" kennengelernt. Der Mensch steht in einem fortwährenden Austausch mit dem universalen Bewusstsein. Er hat Anteil an ihm, indem er sowohl Schwingungsfrequenzen aussendet als auch empfängt. Das Senden und Empfangen von Schwingungen kann sowohl bewusst als auch unbewusst vonstattengehen. Gedanken und Gefühle bewegen sich in Form von Elementalen im nichtlokalen Bewusstsein, das aus der Sicht von Daskalos wie ein ausgleichendes Gerechtigkeitssystem funktioniert. Elementale, die ausgesandt würden, betont er, hätten die Tendenz, früher oder später zu ihrem Ursprung zurückzukehren.

Deepak Chopra, indischer Arzt und Weisheitslehrer, spricht in diesem Zusammenhang von karmischer Schuld. Wenn wir Entscheidungen träfen, die nicht dem Wohle des Menschen nützten, sondern ihm schaden würden, so nähmen wir karmische Schuld auf uns. Jede karmische Schuld jedoch fordere ihr Tribut. Alles, was wir Menschen uns zuschulden kommen ließen, würde, wie er es formuliert, akribisch vom Universum abgerechnet werden. „[...] das Gesetz des Karmas besagt, dass keine Schuld im Universum unbeglichen bleibt. In diesem Universum herrscht ein perfektes Buchhaltungssystem, und alles ist ein ständiges Hin und Her, ein Austausch von Energie." (Chopra, 2004: 60)

Um sozusagen schlechtes Karma zu vermeiden, schlägt Chopra vor, nur solche Entscheidungen zu treffen, die sowohl mir als auch anderen Menschen Glück verheißen. In seinem Sinne müsse man, bevor man eine Entscheidung trifft, sich immer fragen, wie die möglichen Folgen derselben aussehen. Wenn die Entscheidung verspricht Glück zu bringen, dann könnte ich sie getrost treffen. Dergestalt könnte man Karma, das einen irgendwann wieder auf unangenehme Weise einholt, vermeiden.

Auch Daskalos hat eine ähnliche Auffassung. Für ihn besteht die Kunst darin, das unbewusste Erzeugen von Elementalen zu vermeiden und ganz bewusst positive und von Liebe getragene Elementale zu schaffen. Er nennt das bewusste Erzeugen von positiven Schwingungen „Elementale der Gedankenwünsche" (Markides: 2004: 65). Daskalos ist der Ansicht, dass das bewusste Erzeugen von gutem Karma eine Art ethische Verpflichtung sei. „Wenn ihr Elementale von Gedankenwünschen erschafft, bearbeitet ihr göttliche Substanz. [...] wir müssen klug genug sein, Elementale aus Gedankenwünschen zu erschaffen, die unseren Mitmenschen helfen und nicht nur unsere egoistischen Vorstellungen erfüllen." (Markides, 2004: 82)

Nichts geht in diesem Universum verloren. Und weil dies so ist, tragen wir Verantwortung dafür, was wir kraft unserer Gedanken, Gefühle und Handlungen in das universale Gedächtnis eingeben. Das Gesetz des Karmas ist wahrscheinlich weitreichender, als wir uns vorstellen können. Wir mögen vielleicht glauben, dass das, was wir tun, keine Konsequenzen für uns hat. Vielleicht mag das auch auf die Zeitspanne dieses einen Lebens zutreffen. Ein Mörder beispielsweise mag davonkommen und unentdeckt bleiben. Die Tat jedoch ist für immer im universalen Gedächtnis aufgezeichnet und bleibt dort als Prinzip bestehen. Sie hat Auswirkungen auf das Familiensystem des Ermordeten sowie auf das System des Mörders. Die Tat stellt eine karmische Schuld dar, die weder in diesem noch in einem anderen Leben wiedergutzumachen ist. Sie kann nicht rückgängig gemacht werden, aber sie fordert einen Ausgleich. Die „permanente Persönlichkeit" weiß, dass sie sich schuldig gemacht hat. Sie trägt die Schuld in ihrer Erinnerung, gleichermaßen wie diese im Weltgedächtnis festgeschrieben ist. Die karmische Schuld ist wie ein unverdauter Rest, der darauf wartet, bis der Mörder von einst wieder inkarniert und für einen Ausgleich sorgt.

Ich bin mir durchaus im Klaren darüber, dass es hierfür keinerlei Beweise gibt, und all dies mehr Fragen aufwirft, als es Antworten gibt. Unser Denken ist in dieser Hinsicht naiv. Wir können uns eine Kontinuität des persönlichen Bewusstseins nach dem körperlichen Tod nur sehr schwer vorstellen. Aber werfen wir noch einmal einen Blick auf das Phänomen der Nahtoderfahrung. Aufgrund seiner Studien kommt auch Lommel zu dem Schluss, dass unser Bewusstsein nach dem physischen Tod in einer anderen Dimension weiter existiert. Solange wir leben, haben wir Bewusstsein und sind Teil des universalen Bewusstseins. Wenn unser Körper stirbt, erlischt unser Wachbewusstsein, aber wir bleiben Teil des universalen Bewusstseins. „Der Tod ist nur das Ende des physischen Aspekts unseres Lebens. Wir *haben* einen Körper, doch wir *sind* Bewusstsein. Losgelöst von unserem Körper sind wir offenbar immer noch in der Lage, bewusste Erfahrungen zu machen, sind wir immer noch bewusste Wesen. [...] Aus wissenschaftlichen Untersuchungen geht unmissverständlich hervor, dass das Bewusstsein unabhängig vom Körper, wenn das Gehirn nicht mehr funktioniert, erfahren werden kann." (Lommel: 2014: 321)

Was wir einst gedacht, gefühlt und getan haben, bleibt latent bestehen. Und wenn wir, unabhängig davon, ob wir einen Körper haben oder nicht, bewusste Wesen sind, dann folgt auch daraus, dass wir uns in irgendeiner Form stets unserer karmischen Schulden gewahr sind. Ob in diesem oder in einem anderen Leben geht es offenkundig darum, aus unseren Fehlern zu lernen. Wir erzeugen so oder so Karma. Solange wir leben und Entscheidungen treffen, ist es unmöglich, kein Karma zu erzeugen. Aber es geht darum, gutes Karma zu schaffen. Wir Menschen müssen uns dieser Tatsache erst einmal gewahr werden, dass unser Handeln und Tun nicht ohne Konsequenzen bleibt. Die Art und Weise, wie wir denken, handeln und fühlen hat Auswirkungen auf das Ganze. Es macht einen Unterschied, ob wir dieses oder jenes tun. Deshalb sollten wir uns vor jeder Entscheidung fragen, ob diese in ihren Auswirkungen für uns und die Anderen Glück verheißend ist. Karma ist, wenn man so will, ein ethisches Prinzip. Ich muss mir nicht nur darüber im Klaren sein, dass die Konsequenzen meiner Handlungen Auswirkungen auf mich und andere haben, sondern auch darüber, dass diese möglicherweise viel weitreichender sind, als ich es mir zunächst vorstellen mag. Karmische Schuld beschränkt sich nicht nur auf dieses Leben. Karma wirkt im universalen Bewusstsein und wird in diesem oder in einem anderen Leben auf uns zurückfallen. Deshalb gilt es, stets gutes Karma zu erzeugen, sodass die Früchte desselben uns und anderen Glück, Gesundheit und Frieden verheißen.

5. Fernheilung und der nichtlokale Raum

Die Fernheilung ist eine der faszinierendsten Phänomene meiner therapeutischen Arbeit. Es macht für den Heilungsprozess keinen Unterschied, ob ich mit einem Klienten in ein und demselben Raum sitze, oder ob dieser sich während der Behandlung auf einem anderen Kontinent befindet. Bei der energetischen Therapie spielen Raum und Zeit keine Rolle. Fernheilung findet in einer höherdimensionalen Sphäre statt. Die energetische Arbeit ist nicht auf die Materie fokussiert, sondern auf eine Dimension, die jenseits der Stofflichkeit angesiedelt ist. Aber kann man sich einen nichtlokalen Raum, in dem Entfernungen und Zeitverläufe nicht existieren, überhaupt vorstellen?

Vertraut ist uns die Raumzeitlichkeit. Der dreidimensionale Raum unserer Lebenswelt ist die Basis unserer alltäglichen Handlungen. Und die Zeitlichkeit, die wir in Vergangenheit, Gegenwart und Zukunft unterteilen, ist uns durch unsere täglichen Rituale stets bewusst. Aber eine Raumzeitlosigkeit können wir uns nur schwer vorstellen.

Werfen wir einmal einen Blick in den subatomaren Bereich unserer Welt. In der Quantenphysik gibt es Phänomene, die in ganz ähnlicher Weise vonstattengehen,

wie dies bei einer Fernheilung der Fall ist. Die Quanten-
physik beschäftigt sich mit der Welt, die im Innern der
Atome existiert. Ein Quant ist die kleinste nichtteilbare
Einheit einer physikalischen Größe, also die kleinste
Energieeinheit eines Systems. Quantenobjekte können
Elektronen, Photonen, Protonen, Neutronen und Ele-
mentarteilchen sein. Vor ca. einhundert Jahren haben
sich Physiker sehr intensiv mit den Eigenschaften des
Lichtes beschäftigt und dabei festgestellt, dass in der
Welt der kleinsten Dimensionen Gesetze herrschen, die
uns seltsam und absurd erscheinen.

Wenn man beispielsweise Photonen paarweise erzeugt,
dann sind diese miteinander verbunden. In der Quantenphysik nennt man diesen Zustand „Quantenver-
schränkung". Man kann ein Photon mit hoher Energie
in zwei Photonen mit niedriger Energie aufspalten, indem man dieses mit einem Laser durch ein Kristall
schickt. Als Ergebnis hat man also zwei verschränkte
Photonen. Würde man nun beispielsweise eines der
beiden Photonen räumlich von dem anderen trennen,
sagen wir, es mit einem Laser auf einen anderen Kontinent schicken, dann blieben die beiden Photonen
trotz der großen räumlichen Distanz miteinander verschränkt. Das Faszinierende der Quantenverschrän-
kung liegt nun in folgender Gegebenheit: Ändert man
den Zustand des einen Photons, verändert sich das andere äquivalent ohne Zeitverzögerung. Es gibt nichts

Sichtbares, was diese beiden Teilchen verbindet, dennoch scheint das andere Teilchen auf magische Weise davon Kenntnis zu haben, was vor sich geht. Die beiden Photonen können durch nichts miteinander kommunizieren, gleichwohl beeinflusst die Zustandsveränderung des einen Photons den Zustand des anderen Photons und zwar instantan, das heißt, augenblicklich.

In der Physik betrachtet man die Lichtgeschwindigkeit als fundamentale Naturkonstante. Dreihunderttausend Kilometer soll das Licht pro Sekunde zurücklegen. Die Quantenphysik beweist jedoch, dass es etwas gibt, das sich schneller als Licht bewegt. Verschränkte Quantenobjekte verhalten sich synchron, unabhängig davon, welche Entfernung zwischen ihnen liegt. Albert Einstein bezeichnete diese Tatsache als „spukhafte Fernwirkung". Zeit seines Lebens war er damit beschäftigt, dieses Phänomen mit einer angemessenen Theorie zu erklären.

In der klassischen Physik geht man davon aus, dass sich alle Ereignisse unserer Lebenswelt nach festgeschriebenen Gesetzen in einer unveränderlichen Raum-Zeit-Struktur vollziehen, und dass die physische Welt objektiv wahrnehmbar sei. Auf der subatomaren Ebene hingegen scheinen völlig andere Gesetze zu herrschen. In der Quantenphysik hat man festgestellt, dass der Beobachter eines Experimentes mit seinen Gedanken Einfluss auf den Verlauf desselben nimmt. Man nennt dieses Phänomen in der Quantenphysik den „Beobachtereffekt" und spricht in diesem Kontext auch von „Nichtobjektivität". Im subatomaren Bereich liegen virtuelle Beschaffenheiten vor. Der Drehimpuls eines Elektrons ist zunächst unbestimmt. Es dreht sich entweder nach rechts oder nach links. Und ein Photon kann sich innerhalb des Atoms an beliebig vielen Orten befinden. Wir können nie genau wissen, wo es im Augenblick ist. Der Quantenphysiker Erwin Schrödinger hatte dieser Tatsache den Namen „Wahrscheinlichkeitsfeld" gegeben. Solange wir ein Elektron nicht beobachten, besteht es aus Wahrscheinlichkeitswellen und hat keinen bestimmten Ort. Das Verblüffende daran ist, dass sich das Verhalten des Elektrons ändert, sobald es beobachtet wird. Betrachtet man im Rahmen eines Experimentes ein Elektron, fixiert der Beobachter dieses auf den Ort, an dem es sich in diesem Moment befindet. Das Elektron wird aus einer unbegrenzten Vielzahl möglicher Positionen auf einen bestimmten Ort festgelegt. Kurz: Aufgrund seiner Absicht und Gedanken beeinflusst der Beobachter das Verhalten beziehungsweise die Eigenschaft des Quantenobjektes.

Der sogenannte Beobachtereffekt wurde in zahllosen Experimenten wiederholt und ist eine Tatsache, die sich beliebig oft reproduzieren lässt. Die Quantenphysiker schließen daraus, dass es so etwas wie Objektivität überhaupt nicht gibt. Wenn sich ein Quantenobjekt durch die Beobachtung und den Geist des Beobachters verändert, dann muss man streng genommen davon ausgehen, dass das Ergebnis des Experimentes subjektiv ist. Im Quantenbereich gibt es demzufolge keine objektive Messung, sondern nur eine subjektive Beobachtung des Phänomens. Der Beobachter bestimmt, was wahrgenommen wird.

„Wir können Materie zwar messen, aber unser Bewusstsein bestimmt unser Wissen. Unsere Gedanken und Gefühle entscheiden mit darüber, wie das Universum funktioniert, und damit auch darüber, wie wir das Universum wahrnehmen. Die Art unseres Denkens hat physische Auswirkungen auf das, was wir wahrnehmen." (Lommel, 2014: 230)

Wenn wir uns vor Augen führen, dass der menschliche Körper aus unzähligen Atomen besteht, und der Drehimpuls eines Elektrons entscheidend für die Bindungsfähigkeit derselben ist, kann man sich vorstellen, welche Möglichkeiten die Erkenntnisse der Quantenphysik für alternativer Heilmethoden beinhalten. Offenkundig sind wir Menschen in der Lage, kraft unserer Gedanken und Emotionen Einfluss auf die Materie zu nehmen. Wenn wir diese Fähigkeit bewusst und gezielt einsetzten, könnten wir wahrscheinlich auf viele der herkömmlichen Therapiemethoden verzichten. Im Kapitel „Imagination, Suggestion und Gebet" werde ich auf diese Thematik noch genauer eingehen.

Aber kommen wir zurück zu dem, was in der Quantenphysik als „Nicht-Lokalität" bezeichnet wird. Wir haben gesehen, dass verschränkte Quantenobjekte unabhängig von Raum und Zeit miteinander kommunizieren können. Bis heute ist nicht wirklich geklärt, wie es sein kann, dass sich subatomare Objekte synchron verhalten, ohne dass sie über einen sichtbaren Kanal miteinander verbunden wären.

Wir müssen davon ausgehen, dass alles mit allem auf unsichtbare Weise verbunden ist. Ähnlich einem Hologramm trägt jedes Teil die Information des Ganzen in sich. Kein Teilchen ist isoliert, sondern trägt potenziell das gesamte Wissen des Universums in sich. Das Teilchen beeinflusst das Ganze, und das Ganze beeinflusst das Teilchen. Alles ist miteinander verschränkt, und jedes Teilchen hat eine Ahnung davon, wenn Veränderungen in einem anderen Teil des Ganzen stattfinden. Ähnlich wie jede einzelne Körperzelle mit allen anderen in Verbindung steht und auf Veränderungen reagiert. Die Vorstellung, dass alles mit allem verbunden ist, spiegelt sich auch in meiner therapeutischen Arbeit wider. Die Möglichkeit der Fernheilung bestätigt, dass wir alle über einen höherdimensionalen Raum miteinander verbunden sind. Immer wieder erlebe ich, dass Klienten während der Behandlung emotionale Reaktionen haben oder körperliche Symptome aufweisen, obwohl sie sich an einem weit entlegenen Ort befinden. Ich kann energetische Blockaden aufspüren, diese auflösen und Reaktionen seitens des Klienten wahrnehmen, so als ob er/sie sich direkt neben mir befände. Ich kann mich mit dieser oder jener Person verschränken unabhängig davon, wo diese sich befindet. Das nichtlokale Bewusstsein ist überall. In ihm ist alles vorhanden. Alles ist mit allem verschränkt.

Dass Fernheilung funktioniert, steht außer Frage. Dafür liegen unzählige Beweise vor. Wir können die Wirkungen einer Fernheilung wahrnehmen und emotionale oder körperliche Reaktionen haben. Aber was dieser sogenannte nichtlokale Raum ist, in dem sich all dies vollzieht, bleibt ein Mysterium.

6. Lebensenergie und energetische Therapie

Im Kontext alternativer Heilmethoden ist immer wieder von dem sogenannten „Energiekörper" die Rede. Was aber ist damit eigentlich gemeint? In der traditionellen Schulmedizin finden wir keine Hinweise darauf, was mit diesem Begriff gemeint sein könnte. Die Schulmedizin befasst sich mit den stofflichen Dingen unseres Körpers. Sie beschreibt die Nervenbahnen, den Blutkreislauf, biochemische Prozesse etc. Aber von Energie im Sinne einer therapierbaren energetischen Störung ist dort nichts zu finden.

Werfen wir einen kurzen Blick in den Bereich der Physik, um besser verstehen zu können, was es mit der Energie auf sich hat. Der Begriff „Energie" kommt aus dem Griechischen (energeia ~ Wirksamkeit) und bezeichnet eine physikalische Größe. In der Physik wird Energie als die Arbeitsfähigkeit eines Körpers beziehungsweise eines Systems bezeichnet. Wobei zwischen verschiedenen Energieformen unterschieden wird: mechanische Energie, elektrische Energie, chemische Energie und Wärmeenergie.

Bei der Verrichtung von Arbeit wird Energie in andere Energieformen umgewandelt. Eine Dampflokomotive beispielsweise wandelt Wärmeenergie in mechanische

Arbeit um. Eine Turbine nutzt die Strömungskräfte des Wassers und erzeugt elektrische Energie. Gemäß des Energieerhaltungsgesetzes kann die Gesamtenergie eines Systems weder vermehrt noch vermindert werden. Energie kann nicht produziert und auch nicht verbraucht, sondern nur umgewandelt, transportiert oder gespeichert werden. Energie lässt sich von einem System zu einem anderen übertragen, das heißt, in andere Energieformen umwandeln. Arbeit ist dabei der entscheidende Faktor.

Jedes Lebewesen benötigt Energie, um leben zu können. Der menschliche Körper verbraucht Energie, um seine Vitalkräfte in Gang zu halten. Jede Bewegung (Muskelarbeit), jeder Gedanke, alles verbraucht Energie. Das, was wir als Nahrung aufnehmen (chem. Energie), dient der Erhaltung der Körperprozesse und der Kraft, mit der wir unsere tägliche Arbeit verrichten. Jeder Prozess setzt Energie voraus. Energie zeigt sich in unterschiedlichen Erscheinungsformen. Selbst ein ruhender Gegenstand besitzt Arbeitsfähigkeit. Seine potenzielle Energie wird beim Herabfallen aus einer erhöhten Lage freigesetzt. Alles, was wir sehen und nicht sehen, ist Energie in verschiedenen Erscheinungsformen.

Die Schwierigkeit bei alldem besteht darin, dass sich Energie nicht immer messen lässt. Energie ist dynamisch und wandelt sich stetig. Wenn es sich um den Energieumsatz von Muskelarbeit handelt, lässt sich dieser relativ einfach bestimmen. Aber wie sieht es beispielsweise mit der Lebensenergie eines Menschen aus? Lässt sich diese physikalisch bestimmen? Die Schulmedizin hat hierfür keine Messinstrumente. Ihre Methoden und Diagnoseapparate basieren auf der Substantialität. Sie bedient sich anderer Mittel als beispielsweise die traditionelle chinesische Medizin. In der TCM betrachtet man den menschlichen Organismus als energetisches Phänomen. Ihre Lehre ist ohne die Vorstellung eines in allem wirkenden energetischen Prinzips nicht zu denken. Energie ist aus ihrer Sicht eine Eigentümlichkeit jedes lebenden Organismus. Das Akupunktursystem der TCM basiert auf dem Prinzip der Polarität zwischen „Yang" und „Yin". Vereinfacht könnte man sagen, Yang ist der aktive und Yin der passive Pol. Man könnte auch das Bild der elektrischen Spannung zwischen Anode und Kathode als Vergleich für die Begriffe Yang und Yin heranziehen. Ohne differenzierter auf die komplexe Lehre der TCM eingehen zu wollen, ist für vorliegende Überlegungen entscheidend, dass ihre Vertreter von der Vorstellung ausgehen, die Quelle der Energie sei im Spannungsfeld zwischen diesen beiden Polen zu finden. Dabei wird betont, dass der Spannungszustand kein konstanter, sondern stetiger Veränderung unterworfen sei und durch unzählige Reize beeinflusst werde. Die TCM versteht den menschlichen Körper als ein Netzwerk aus feinen Strombahnen. Die sogenannten „Meridiane" sind mit allen Organen verbunden und leiten den Energiefluss. Das Interessante daran ist, dass es für die Meridiane in der westlichen Schulmedizin keine Entsprechungen gibt. Für sie sind diese schlichtweg nicht existent. Die Meridiane sind keine Nerven- oder Blutbahnen, sondern nichtphysiologisch erkennbare Verbindungslinien, auf denen die Lebensenergie eines Menschen zirkuliert. Die einzelnen Punkte der Meridiane stehen in energetischer Beziehung zu den Organen. Kommt es zu Störungen, zu Blockaden im Energiefluss, werden durch Nadelstiche innerhalb der Muskulatur bestimmte energetische Abläufe in Gang gesetzt. Die Wirkung der Nadelstiche beruht auf einer Regulation des Energieflusses. Die gezielt gesetzten Reize stimulieren die Tendenz des Organismus, sich selbst zu heilen. Energie und Energieumlauf ist in der TCM nichts Abstraktes. Das Akupunktursystem hat sich über Jahrtausende bewährt und beruht auf der Steuerung und Regulation der Lebensenergie des menschlichen Organismus.

Ähnliches finden wir in einer indischen Heilmethode, dem sogenannten „Pranahealing". Der Begriff „Prana" stammt aus dem Sanskrit und bedeutet Lebensatem oder Lebenshauch. Im übertragenen Sinne bezeichnet Prana die Lebensenergie. Pranahealing befasst sich ausschließlich mit dem energetischen Aspekt des menschlichen Lebens. Gemäß dem System dieser Heilmethode werden drei Hauptquellen des Prana genannt: Sonne, Luft und Erde. Den größten Teil der Lebensenergie beziehen wir aus der Luft, über die Atmung. Wir Menschen sind von der Atmung abhängig. Hört der Organismus auf zu atmen, stirbt er. Prana erhält den Körper gesund und lebendig. Leben ist überhaupt erst möglich, wenn der Körper mit Prana versorgt wird, so die Prämisse dieser Heilmethode.

Aber nicht nur über die Atmung nimmt der Organismus lebensnotwendige Energie auf. Der menschliche Körper wird im Pranahealing als ein System unterschiedlicher Energiezentren beschrieben. Die sogenannten Chakren durchdringen den physischen Körper und versorgen ihn mit der Energie, die überall im Kosmos vorhanden ist. Sie nehmen Prana von außen auf und leiten es über die Meridiane an die Organe sowie jede einzelne Zelle des Körpers weiter. Insgesamt werden sieben Chakren beschrieben, wobei jedem Einzelnen verschiedene psychische Aspekte zugeordnet werden. Diese Energiewirbel sind für die ordnungsgemäße Funktion aller vitalen Prozesse verantwortlich. Wenn die Chakren nicht richtig funktionieren, kommt es zu einer energetischen Unterversorgung. Viele Erkrankungen werden durch Fehlfunktionen der Chakren hervorgerufen.

Auch wenn sich die Beschreibung dieser Energiewirbel für den naturwissenschaftlich konditionierten Verstand sehr unwahrscheinlich anhören mag, so kann ich aus eigener Erfahrung versichern, dass die Chakren keine Phantasievorstellung sind, sondern tatsächlich existieren. Auch in diesem Bereich bedarf es einer entsprechenden Schulung und Erfahrung, um spüren zu können, was damit gemeint ist. Dass die Schulmedizin noch nicht in der Lage ist, diese Energiezentren aufzuspüren, bedeutet nicht, dass es sie nicht gibt. Vorausgesetzt man hat seine Sinne entsprechend geschult, kann man die Chakren ertasten und spüren, in welchem Zustand sie sich befinden.

In der Lehre des Pranahealing wird der menschliche Organismus zweigliedrig dargestellt: Neben dem physischen Körper wird ein unsichtbarer Energiekörper beschrieben. Die Chakren durchdringen den physischen Leib und reichen über ihn hinaus. Man kann sie bis zu einem Meter vom Körper entfernt ertasten. Das Ertasten der Chakren und der Aura des Menschen nennt man im Pranahealing „Scanning". Das Scanning wird über die Hände ausgeführt. Die Hände haben bei dieser Heilmethode eine zentrale Funktion. Sie detektieren Störungen im Energiefeld, können Energie aus dem Äther absorbieren und auf den Klienten übertragen.

Pranahealing basiert auf zwei Prinzipien. Es geht bei dieser Methode um das Reinigen des Energiefeldes und als zweiten Schritt um das Übertragen von Lebensenergie. Beides vollzieht der Therapeut mit den Händen. Indem er das Energiefeld des Menschen abtastet, kann er Störungen und Blockaden aufspüren. Diese werden dann mit den Händen aus der Aura des Klienten entfernt. Der Therapeut scannt und entfernt energetische Blockaden, bis das Energiefeld der betroffenen Person frei von Störungen ist. Anders als in der traditionellen chinesischen Medizin, die den blockierten Energiefluss durch gezielt gesetzte Nadelstiche wieder in Gang setzt, werden bei der Methode des Pranaheilens Energieblockaden durch manuelles Reinigen beseitigt.

Ganz anders als das Menschenbild unserer westlichen Gesellschaft ist das der östlichen Menschheitsgeschichte. Wir begreifen den menschlichen Körper als eine mechanische Maschine. Neuronale oder biochemische Prozesse werden nach stofflich-kausalen Gesetzmäßigkeiten analysiert und im Falle einer Störung medikamentös manipuliert. Stoffe, die gemäß den Normwerten nicht ausreichend vorhanden sind, werden synthetisch substituiert. Und das, was biochemisch zu viel im Blut vorhanden ist, wird mit Medikamenten blockiert. Im Pranahealing oder in der traditionellen chinesischen Medizin werden Störungen des Organismus auf einer nichtstofflichen Ebene lokalisiert und ausgeglichen. Diese andersartigen Methoden betrachten den

Menschen als Ganzes und nehmen ihn in seiner energetischen Erscheinung wahr. Die Ursachen von Befindlichkeitsstörungen und Krankheiten werden nicht auf Viren oder ein biochemisches Ungleichgewicht zurückgeführt, sondern auf eine Disharmonie im Fluss der Lebensenergie. Schafft man es, die Harmonie des Energieflusses wiederherzustellen, benötigt man keine Medikamente. Im Zustand eines ausgewogenen und nicht blockierten Energieflusses ist der Organismus in der Lage, biochemische oder neuronale Prozesse selbst zu regulieren.

Die Lebensenergie ist diejenige, die den Körper gesund und lebendig erhält. Wir können uns diese deshalb so schwer vorstellen, weil sie alles durchdringt und überall im Kosmos vorhanden ist. Sie erscheint uns so selbstverständlich, dass wir nicht einmal auf die Idee kommen, sie als physikalische Größe anzuerkennen. Da sie unsichtbar in allem wirkt, richten wir unseren Blick primär auf deren Auswirkungen. Woher nimmt aber ein Organismus seine Kraft? Generiert er diese vielleicht aus sich selbst heraus?

Es ist offenkundig, dass wir mit der Natur und den Kräften, die in ihr wirken, unmittelbar in Verbindung stehen. Würde man uns von ihr isolieren, wären wir nicht überlebensfähig. Würde man uns die Atmung nehmen, stürben wir in wenigen Sekunden. Ohne Sonne würde es bald kein Leben mehr auf dieser Erde geben. All dies aber ist ein Teil der kosmischen Kraft, die Leben schafft.

Wir Menschen sind in der Lage, Energiequellen zu nutzen und sie in andere Formen zu transformieren. Wir sind auf dem technischen Stand, Sonnenenergie in elektrischen Strom zu wandeln. Wir können Wind- und Wasserkraft zu Strom oder Gas transformieren. Wir sind technisch so weit entwickelt, dass wir Atome spalten oder auf den Mond fliegen können. Aber vor lauter Technikfaszination haben wir die Möglichkeiten, die uns unser Körper bietet, völlig außer Acht gelassen. Schlimmer noch: Wir haben mehr Vertrauen in die Technik als in unsere genuinen Fähigkeiten. Wir Menschen der westlichen Industriegesellschaften glauben einem technischen Messapparat mehr als unseren eigenen Wahrnehmungsorganen. Und was wir nicht mit einer aufwendigen Apparatur messen können, existiert in der Regel für uns nicht.

Sowohl die Heilerfolge der Pranamethode als auch der traditionellen chinesischen Medizin sind ein Indiz dafür, dass das Nichtstoffliche uns stärker beeinflusst als uns tatsächlich bewusst ist. Energie ist eine Frage der Bewusstheit. Ich nehme sie erst dann wahr, wenn ich meine Aufmerksamkeit auf ihre phänomenologischen Erscheinungsformen richte. Und bei der Energiearbeit ist es so wie mit allen anderen Disziplinen auch. Sie setzt eine Schulung und ausreichend Erfahrung voraus.

Aber schauen wir uns noch einmal etwas genauer die Vorgehensweise im Pranahealing an. Ich hatte bereits erwähnt, dass die Hände bei dieser Methode eine zentrale Rolle spielen. Denn über die Hände wird Lebensenergie absorbiert und auch ausgestrahlt. Im Falle einer Energetisierung (Übertragung von Lebensenergie) nimmt der Therapeut über die mit der Handfläche nach oben gerichtete linke Hand Prana in sich auf, lässt es durch sich fließen, und überträgt es mit der rechten Hand auf den zu behandelnden Bereich. Man kann sich die Energie bildlich wie einen gebündelten Lichtstrahl vorstellen, der gezielt auf bestimmte Punkte gerichtet werden kann. Im Pranahealing wird insbesondere über die Chakren behandelt, da sie in Beziehung zu bestimmten Organen stehen und die energetischen Verbindungspunkte zur Außenwelt darstellen. Wer diese Methode einmal praktiziert hat, weiß, wovon die Rede ist. Das Faszinierende daran ist, dass man in der Funktion des Therapeuten den Energiefluss deutlich spüren kann. Sowohl in der absorbierenden als auch in der ausstrahlenden Hand kann die Energie in Form von einem Pulsieren und Strömen wahrgenommen werden.

Auch beim Scanning kann der Behandler Störungen im Energiefeld des Klienten spüren. Diese werden in der

Regel als Löcher oder Wölbungen beziehungsweise warme oder kalte Regionen wahrgenommen. Die Aura als solche ist wie ein magnetisches Feld spürbar und umgibt den gesamten physischen Leib wie eine dicke Schutzhülle.

Krankheiten zeigen sich bei dieser speziellen Methode entweder als Überschuss oder Mangel an Prana. Bei einem Überschuss, auch Pranakongestion genannt, kann man im Energiefeld eine Wölbung, eine warme Stelle oder auch einen zähen Widerstand spüren. Wohlgemerkt: Dies sind nur bildliche Beschreibungen für „übersinnlich" wahrnehmbare Phänomene. Jeder Behandler hat seine individuelle Wahrnehmung. Hat der Therapeut eine Kongestion beziehungsweise einen Mangel an Prana lokalisiert, folgt die Reinigung der energetischen Störstelle. Im Pranahealing wird dies „Sweeping" genannt. Beim Sweeping werden die Hände benutzt, um krankhafte Energie aus der Aura zu entfernen. Der Behandler greift sozusagen in das Energiefeld hinein und zieht die belasteten Stellen heraus. Dieser Vorgang gleicht einem wischenden Abgreifen und wird solange fortgesetzt, bis alle Störfelder aus der Aura entfernt sind. Sweeping „entfernt gestaute und krankhafte bioplasmatische Materie. Blockierte Meridiane oder bioplasmatische Kanäle werden gereinigt und durchgängig gemacht. Dadurch kann Prana aus anderen Bereichen zu dem betroffenen Körperteil fließen und den Heilungsprozess fördern. [...] Beim Sweeping werden automatisch die undichten Stellen oder Höhlungen in der äußeren Aura geschlossen, durch die sonst Prana abfließt. [...] Nach der Reinigung durch Sweeping absorbiert der Patient das Prana sehr viel leichter. [...] Das Sweeping ist eine sehr wichtige Technik der Pranaheilmethode [...]. Es reinigt, kräftigt und fördert den Heilungsprozess. Viele leichte Erkrankungen können schon allein durch das Sweeping geheilt werden." (Sui, 2012: 53-54)

Während der Pranatherapeut behandelt, ähnelt er von außen betrachtet einem Künstler, der sehr dynamisch an einer unsichtbaren Skulptur arbeitet und diese mit seinen Händen formt, indem er Stück für Stück solange Material abträgt, bis sie ihre endgültige ästhetische Form erreicht hat. Pranahealing ist eine äußerst faszinierende Heilmethode, insbesondere, wenn man sich vor Augen hält, dass der Therapeut seinen Klienten während der Behandlung nicht am physischen Körper berührt. Er arbeitet ausschließlich in dessen Energiefeld. Obwohl sie von außen betrachtet völlig harmlos erscheint, werden mit dieser Methode erstaunliche Heilerfolge erzielt.

Wenn man sich klarmacht, mit welchen Mitteln im Pranahealing Heilerfolge erzielt werden, muss man zu dem Schluss kommen, dass wir naturwissenschaftlich geprägte Menschen eine stark eingeschränkte Sicht der

Dinge haben. Die traditionelle chinesische Medizin beziehungsweise die Methode des Pranaheilens bewei-
sen, dass es möglich ist, mit völlig anderen Mitteln zu
heilen, als wir es in unserem speziellen Kulturkreis gewohnt sind. Die Abwehrhaltung der Schulmedizin gegenüber diesen alternativen Heilmethoden bestätigt,
dass wir immer nur das anerkennen, was im Rahmen
unseres historisch bedingten und kulturell spezifi-
schen Glaubenssystems Gültigkeit hat. Alles, was nicht
dem Menschenbild der modernen Medizin entspricht,
wird als Humbug abgetan. Bei dieser Haltung spielt die
Technologiegläubigkeit eine zentrale Rolle. Die über-
wiegende Mehrheit der Menschen ist nicht in der Lage,
diese feinstofflichen Energien zu spüren und vertraut
einem technischen Apparat mehr als der eigenen Wahrnehmung. Dabei sind sich die wenigsten darüber im
Klaren, dass unser naturwissenschaftliches Welt- und
Menschenbild nur eine Interpretationsmöglichkeit unter vielen ist. Es wäre interessant zu wissen, ob wir
Menschen, wenn wir die Prinzipien, die im Pranahealing gelten, in all unseren Lebensbereichen konsequent
berücksichtigten, überhaupt so etwas wie unsere Ap-
paratemedizin und Pharmakologie nötig hätten.

Was die Technologie anbelangt, so sind wir über alle
Maßen hoch entwickelt. Was aber unsere Sensitivität
und innerpsychischen Möglichkeiten betrifft, gleichen
wir unterentwickelten Primaten. Wir sind mehr auf die
Produktion von materiellen Gütern fixiert, als dass uns

die Entwicklung unserer Innenwelt interessieren würde. Wir bauen Maschinen, Autos, Flugzeuge und Atomkraftwerke, sind weltweit digital vernetzt, investieren unsere gesamte Energie in die Schaffung von noch mehr Technologie, aber unser Seelenheil ist bei alldem nicht von Interesse. Wir haben uns eine seelenlose Lebenswelt geschaffen. Der ununterbrochene Fortschrittswahn und das allgegenwärtige Diktat der Ökonomie haben uns zu gefühllosen Automaten gemacht. Wir lieben die Ablenkung mehr, als uns auf unsere Befindlichkeit zu besinnen und Verantwortung für unsere Gefühle zu übernehmen.

Die Zahl der psychisch kranken Menschen ist in der Postmoderne drastisch gestiegen. Egoismus, Selbstsucht und Gier sind gesellschaftlich akzeptierte Verhaltensweisen. Man kann sich des Eindrucks nicht erwehren, dass rücksichtslose und korrupte Menschen in der Politik und in der freien Wirtschaft mehr Erfolg haben als Persönlichkeiten, die Verantwortung für das Gemeinwohl übernehmen. Wir haben ein bemerkenswert absurdes Verhältnis zu unseren Gefühlen. Hass und Feindseligkeit scheinen im sozialen Umgang selbstverständlicher zu sein als Mitgefühl. Wenn rücksichtsloses Verhalten im öffentlichen Raum, sowie Respektlosigkeit und Mobbing in Schulen und am Arbeitsplatz, zum alltäglichen Interaktionsstandard gehören, und wenn in Paarbeziehungen mehr Konflikte ausgetragen werden, als dass man einen liebevollen Umgang pflegt, dann muss man zu dem Schluss kommen, dass in dieser Gesellschaft etwas grundsätzlich falsch läuft. Wer glaubt, die Gefühle seien ausschließlich Privatsache, der irrt gewaltig. Es ist die Gesellschaft, die ganz bestimmte Werte repräsentiert. Sie ist maßgeblich dafür verantwortlich, welche Menschentypen sich in ihr entwickeln. Als Kollektiv müssen wir uns die radikale Frage stellen, welche emotionalen Reaktionsmuster und Charaktereigenschaften wir eigentlich in den Menschen hervorrufen wollen. Wollen wir uns gänzlich zu Barbaren entwickeln, oder haben wir eine humanistische Vision? Zählt allein das Prinzip der Profitmaximierung? Oder ist die Wirtschaft für uns Mittel und Zweck, um ein humanistisches Ideal zu realisieren?

Ist eine Gesellschaft, was ihr Menschenbild, ihre Normen und Werte betrifft, krank, kann sie keine gesunden und lebendigen Menschen hervorbringen. Krankheit ist kein willkürliches Geschehen. Krankheiten basieren auf einer Disharmonie der Innen- und Außenwelt. Ist der Mensch nicht im Einklang mit sich und dem soziokulturellen Kontext, in dem er lebt, wird sich früher oder später auch eine körperliche Krankheit manifestieren. Es ist äußerst erhellend, sich einmal die Definition des Gesundheitsbegriffs von der Weltgesundheitsorganisation zu Gemüte zu führen. Gesundheit ist gemäß dieser Definition „ein Zustand vollständigen körperlichen, seelischen und sozialen Wohlbefindens und nicht nur das Freisein von Krankheit oder Gebrechen." Obgleich bei dieser Definition die Aspekte des Sozialen und des Psychischen mit einbezogen wurden, ist der Politik noch nicht in den Sinn gekommen, für Lebensbedingungen Sorge zu tragen, die das Entstehen von Krankheit in diesen Bereichen vermeidet.

Wir sind uns der gesundheitlichen Auswirkungen von psychischem Stress, Angst und existenzieller Bedrohung nicht wirklich im Klaren. Obwohl die fatalen Auswirkungen von Stresshormonen in der Medizin bekannt sind, werden seitens der Politik keine Maßnahmen getroffen, soziopsychische Stressoren in unserer Lebenswelt zu eliminieren. Im Gegenteil: Angst wird in unserer Gesellschaft institutionell geschürt. Mit ihr versucht man Menschen zu instrumentalisieren und sie für bestimmte Zwecke gefügig zu machen.

Gesundheit ist eben mehr als die bloße Summe aller Krankheiten, die man nicht hat. Der Begriff der Gesundheit ist äußerst komplex und beinhaltet viele verschiedene Aspekte. Neben einer intakten Umwelt, unvergifteten Lebensmitteln und sauberer Luft zum Atmen ist das emotionale Gleichgewicht ein entscheidender Faktor, der zur Gesunderhaltung des Körpers beiträgt. Im Pranahealing wird ausdrücklich darauf hingewiesen, dass negative Emotionen eine fatale Auswirkung auf den Energiekörper haben. Negative Gedanken und Gefühle sind energetisch relevant, insofern sie den Fluss der Lebensenergie blockieren. „Unkontrollierte Emotionen, Hemmungen und unterdrückte Gefühle wie Zorn oder Wut, tiefe Besorgnis, langanhaltende Verärgerung und Enttäuschungen haben unerwünscht heftige Auswirkungen auf den bioplasmatischen Körper. [...] Zorn, Ärger und Sorge devitalisieren den bioplasmatischen Körper und erhöhen die Anfälligkeit für verschiedene Erkrankungen. Negative Emotionen können derartige Störungen im bioplasmatischen Körper verursachen, dass der ganze physische Körper krank wird." (Sui, 2012: 32-33)

Auch im Pranahealing ist eine nachhaltige Heilung nicht möglich, wenn die emotionalen Faktoren, die zu einer Krankheit geführt haben, nicht im Bereich der Psyche reguliert werden. Um ganz und dauerhaft gesund werden zu können, muss die betroffene Person die inneren Konflikte bearbeiten und ein emotionales Gleichgewicht erzielen. Erst indem die Lebensenergie beginnt, frei zu zirkulieren, kann der Organismus seine Fähigkeit zur Selbstheilung vollkommen aktivieren. Kraft unseres Geistes sind wir in der Lage, unsere Emotionen zu steuern und bewusst Einfluss auf unseren Energiekörper zu nehmen.

Es mag seltsam erscheinen, uns unsere Emotionen als Energien vorzustellen. Aber im Grunde haben wir alle schon einmal die Erfahrung gemacht, dass, wenn wir voller Freude sind, wir uns auch voller Kraft fühlen. Wenn wir lieben, fließt die Energie, und wir fühlen uns gesund. Wenn wir Angst haben und uns Sorgen machen, dauert es bestimmt auch nicht lange, bis wir uns die nächste Erkältung zugezogen haben oder sich irgendwelche anderen Symptome zeigen. Unser Energiekörper reagiert auf alle Veränderungen sowohl im psychischen als auch im physischen Bereich. Der Energiefluss ist ständigen Schwankungen unterworfen, und Emotionen haben einen direkten Einfluss auf ihn. *„Gesunde Energie* fließt, ist flexibel, dynamisch, ausgewogen und weich; sie geht mit positiven Empfindungen einher. *Ungesunde Energie* ist ins Stocken geraten, erstarrt, unbeweglich, spröde, im Ungleichgewicht und hart; sie geht mit negativen Empfindungen einher. Jeder Aspekt Ihres Lebens kann sich dadurch zum Besseren verändern, dass Sie einen ungesunden in einen gesunden Energiezustand umwandeln." (Chopra, 2011: 79)

In seinem Buch „Die Körperseele" erörtert Deepak Chopra den engen Zusammenhang zwischen Gedanken und körperlichen Symptomen und reflektiert diesen aus quantenphysikalischer Sicht. Die Errungenschaften der Quantenphysik überträgt er auf den menschlichen Organismus und erklärt die „Geist-Körper-Verbindung" aus subatomarer Perspektive. Aus seiner Sicht gleicht die Ebene der Quanten einer Schaltstelle, in der Gedanken und Gefühle darüber bestimmen, wie sich Materie gestaltet. Wir erinnern uns, auf Quantenebene ist Energie und Materie identisch. Aus Chopras Sicht werden in diesem Bereich die Weichen für Gesundheit oder Krankheit gestellt. Er vertritt die These, dass wir kraft unseres Geistes in der Lage seien, willentlich unseren Körper zu beeinflussen und vollkommene Gesundheit zu erreichen. Krankheit versteht er als „Verzerrungen des quantenmechanischen Schwingungsmusters", die durch negative Gedanken und Gefühle hervorgerufen würden. „In der Tat ist das, was wir Gedanken und Gefühle nennen, lediglich ein Ausdruck dieser Quantenfluktuationen. Das Bewusstsein hat die Fähigkeit zu heilen, und es scheint bei Spontanheilungen selbst fortgeschrittener unheilbarer Krankheiten den Ausschlag zu geben." (Chopra, 1991: 31) „Auf dieser Ebene sind Materie und Energie austauschbar. Alle Quanten bestehen aus unsichtbaren Schwingungen – eine Art schemenhafter Energie, die darauf wartet, eine physische Form anzunehmen. Laut Ayurveda trifft dies auch auf den menschlichen Körper zu. Dieser entsteht zunächst in Gestalt intensiver, aber noch unsichtbarer Schwingungen, Quantenfluktuationen genannt, bevor er sich zu Energieimpulsen und Materieteilchen verdichtet. Der quanten-mechanische Körper bildet die eigentliche Grundlage für alles, was wir sind: Gedanken, Gefühle, Eiweißbausteine, Zellen,

Organe – für jeden sichtbaren oder unsichtbaren Teil unserer selbst." (Chopra, 1991: 15-16)

Die vorangegangenen Überlegungen machen deutlich, wie wichtig es ist, einen ausgeglichenen emotionalen Zustand aufrechtzuerhalten. Aus der Sicht Chopras können wir diesen am besten über regelmäßiges Meditieren erreichen. Denn die Meditation ist eine Methode, die darauf abzielt, durch eine Verlagerung der Konzentration den fortwährenden Gedankenfluss gezielt zu unterbrechen. In der Meditation wird das Nichtdenken praktiziert und somit die Wirksamkeit stresserzeugender Gedanken außer Kraft gesetzt. Die Meditation schafft die Voraussetzung für einen ungestörten Fluss der Lebensenergie. Sie sorgt für Ruhe und Ausgeglichenheit. „Diese Stille in uns ist der Schlüssel zu unserem quantenmechanischen Körper." (Chopra, 1991: 19) Wenn man meditiert, wird den negativen Gedanken und Emotionen die Grundlage entzogen, und auf der Ebene der Quanten werden harmonische Schwingungsmuster erzeugt. „Auf der quantenmechanischen Ebene sind Geist und Körper eins. [...] Das eigentlich Aufregende daran ist jedoch, dass wir enorme, brachliegende Fähigkeiten besitzen. Statt unbewusst eine Krankheit entstehen zu lassen, können wir auch bewusst Gesundheit erzeugen." (Chopra, 1991: 139-140)

Wie viel Lebensenergie einem Menschen zur Verfügung steht, hängt von einer Vielzahl unterschiedlicher Faktoren ab. Wir Menschen sind äußerst komplexe Wesen. Alles, was wir denken, fühlen, sehen, essen und tun, hat einen Einfluss auf die energetische Struktur unseres Körpers. Selbst das Gelebte und Erlebte unserer Ahnen wirkt sich in Form transgenerationaler Dynamiken auf uns aus. Werden negative Empfindungen und innere Konflikte nicht bearbeitet und aufgelöst, können diese längerfristig auch körperliche Krankheiten verursachen. Unser Denken und Fühlen hat eine unmittelbare Auswirkung auf unseren Energiekörper und entscheidet darüber, ob die Lebenskraft ungehindert wirken kann oder nicht.

Im Rahmen eines therapeutischen Settings geht es darum, herauszufinden, welche psychischen Faktoren zu einer energetischen Störung geführt haben. Die inneren Konflikte eines Menschen sind immer in dessen Energiefeld ablesbar. Man kann sie als energetische Störungen wahrnehmen, hinter denen sich eine emotional konfliktive Geschichte verbirgt. Zur therapeutischen Arbeit und deren Erfolg gehört sowohl das Aufdecken der Geschichte als auch die Auflösung der energetischen Blockade. Wenn das therapeutische Handeln sich ausschließlich darauf beschränkt, die Blockaden im Energiefeld aufzulösen, wird die Behandlung nicht zum ersehnten Ziel führen. Eine nachhaltige Veränderung der energetischen Struktur geht immer mit einer

Veränderung des Bewusstseins einher. Wenn die betroffene Person in den eingespielten und schmerzerzeugenden Verhaltensmustern steckenbleibt, wird eine dauerhafte Heilung nicht stattfinden können. Heilung bedeutet immer Entwicklung und Wachstum.

Auch die Meditation kann man, wenn man so will, als Therapieform verstehen, da ihre Methode darin besteht, die stresserzeugenden Gedanken und krankmachenden Emotionen vorübergehend außer Kraft zu setzen. Man geht davon aus, dass, wenn man regelmäßig meditiert, sich auf Dauer eine innere Haltungsänderung einstellt. Durch regelmäßiges Meditieren wird Achtsamkeit hinsichtlich der eigenen Geistestätigkeit eingeübt. Die Folge ist eine dauerhafte Harmonisierung der Hirntätigkeit und eine mit ihr einhergehende Ausgeglichenheit der Gefühlswelt. In der Neurologie spricht man in diesem Kontext von „Neuroplastizität". Man weiß, dass durch regelmäßige Meditation neuronale Strukturen gezielt verändert werden können. (vergleiche hierzu Daniel Siegel „Das achtsame Gehirn") Erst wenn wir damit aufhören, uns in Form von Gedanken Sorgen um dieses oder jenes zu machen, kann sich innerer Frieden und Gesundheit einstellen. „Das unbeteiligte Beobachten der Gedanken befähigt uns dazu, in der Stille jenseits des Gedankenstroms zu verweilen, in einer zeitlosen Gegenwart. [...] *Nicht-Tun* heißt *alles* loslassen. Indem man sich im Jetzt, also außerhalb der

Zeit, mit sich selbst verbindet, tut man etwas sehr Bedeutungsvolles: man erzeugt Frieden im eigenen Geist und erfährt die eigene, grundlegende Ganzheit. Die gestörte Verbindung wird wiederhergestellt. [...] Das achtsame, konzentrierte Bewusstsein ist der Schmelztiegel, in dem negative Geisteszustände in positive transformiert werden." (Kabat-Zinn, 1994: 269-270)

Anhand von umfangreichen Studien und der Entwicklung eines speziellen Meditationsprogramms ist es dem Mediziner Dr. Jon Kabat-Zinn gelungen, nachzuweisen, dass regelmäßiges Meditieren zu einer Reduzierung von Stress führt und eine Stärkung des Immunsystems bewirkt. Seine Studien belegen, dass Meditation die uns innewohnenden Selbstheilungskräfte aktiviert, und viele Krankheiten auf diesem Wege geheilt werden können. Aus eigener Erfahrung kann ich bestätigen, dass Menschen, die regelmäßig meditieren oder Yoga praktizieren, ein spürbar kräftigeres Energiefeld haben und ihre Chakren ausgeglichener arbeiten.

Heilung kann auf die eine oder andere Weise herbeigeführt werden. Immer aber hat sie etwas mit der Wiederherstellung des seelischen Gleichgewichts zu tun. Unser Organismus reagiert auf unzählige innere und äußere Faktoren. Dabei hat unser Körper zumeist die Fähigkeit, schädigende Einflüsse zu kompensieren. Er besitzt das Potenzial, sich selbst zu heilen. Überwiegen jedoch die schädigenden Faktoren, können die Selbstheilungskräfte nicht ausreichend wirken. Sind die Belastungen zu groß, wird der Mensch krank. Ein Mensch ist dann gesund, wenn sein Energiekörper frei von Blockaden, Verunreinigungen und Fremdenergien ist. Wenn die Lebensenergie störungsfrei von den Chakren aufgenommen wird und diese ungehindert im Körper zirkulieren kann, dann befinden wir uns in einem Zustand vollkommener Gesundheit. Wirkliche Heilung entsteht, wenn unsere innere Haltung so beschaffen ist, dass die göttliche Intelligenz ungehindert in uns wirken kann.

7. Persönliches Energiefeld und Fremdenergien

Das individuelle Energiefeld des Menschen steht in unmittelbarer Verbindung mit dem allumfassenden Energiefeld des Universums. Über die Chakren beziehen wir kosmische Energie und befinden uns in einem fortwährenden Austausch mit der Sphäre, die uns umgibt. Letztere beinhaltet aber nicht bloß reine Lebensenergie, sondern ist zugleich auch eine Welt körperloser Wesenheiten. In der Sphäre, die uns umgibt, existieren unterschiedlichste Entitäten, die uns im Zweifelsfall auch beeinflussen können. Normalerweise stellt unser persönliches Energiefeld einen natürlichen Schutzmantel dar. Sind wir jedoch geschwächt, besteht die Möglichkeit, dass sich sogenannte Fremdenergien bei uns einnisten und uns Schaden zufügen können.

Wie bereits im zweiten Kapitel thematisiert, ist im nichtlokalen Raum alles enthalten, was wir Menschen je an Emotionen und Gedankenformen erzeugt haben. In ihm existieren Elementale, die wir selbst erschaffen haben, aber auch Geistwesen aus anderen Dimensionen. Die Welt der Energien höherer Frequenzen ist sehr komplex. Und nicht selten verwirren die Bezeichnungen dieser Wesen mehr, als dass sie Klarheit schaffen würden. Deshalb möchte ich an dieser Stelle nur auf das Phänomen als solches eingehen. Unter „Fremdenergie" versteht man eine körperlich nicht sichtbare

Wesenheit, die sich in dem Energiefeld eines Menschen festgesetzt hat. Ohne genauer auf die einzelnen Wesenheiten eingehen zu wollen, möchte ich betonen, dass energetische Anhaftungen nicht in das persönliche Energiefeld eines Menschen gehören. Sie sind „fremd" und stellen Störfaktoren dar. Sie können mentale Irritationen sowie Unwohlsein hervorrufen und der Person, dem Wirt, die Energie rauben.

In der Therapie geht es nicht nur darum, die Fremdenergien aus der Aura des Klienten zu entfernen und diese zu stärken, sondern auch darum, die Faktoren zu beseitigen, die zu einer Schwächung des energetischen Schutzmantels geführt haben. Ist unser Energiefeld schwach, können sich Fremdenergien anhaften und unser Gleichgewicht empfindlich stören. Bleiben energetische Anhaftungen über einen längeren Zeitraum bestehen, kann dies auch zu körperlichen Krankheiten führen. Immer aber hat das Anhaften von Fremdenergien etwas mit unserer innerpsychischen Verfassung zu tun. Negative Gedanken sowie Gefühle von Angst, Hass und Zorn schwächen den energetischen Schutzmantel und ermöglichen so Fremdenergien, Besitz von uns zu ergreifen. Wie im Kapitel „Lebensenergie und energetische Therapie" bereits dargestellt, geht es darum, in unserem Innern Gefühle zu kultivieren, die unseren Organismus und dessen Energiefeld stärken. „[...] der beste Weg zur Stärkung der eigenen Aura ist die Erkenntnis, dass wir zuerst und vor allem geistige

Wesen sind. Tägliche Meditationspraxis, Gebete, liebevolle Gedanken, Freundlichkeit, Dankbarkeit und Achtung vor dem Selbst, dem Universum und allen lebenden Wesen tragen entscheidend dazu bei. [...] Obwohl
es fast unmöglich ist, durchs Leben zu gehen, ohne
Kontakt mit der Energie und den Gedanken anderer
Menschen zu haben, können Sie doch Ihre Aura so stärken, dass nichts ungewollt in Ihren Raum eindringt. Um
unsere Aura gesund und im Gleichgewicht zu halten,
sollten wir liebevolle, freundliche Gedanken hegen."
(Praagh, 2003: 76–78)

8. Imagination, Suggestion und Gebet

Es ist nicht immer einfach, wohlwollende Gefühle im eigenen Innern zu kultivieren und eine positive Lebenseinstellung aufrecht zu erhalten. Ob uns dies gelingt oder nicht, ändert nichts an der Tatsache, dass unsere Gedanken und Gefühle einen entscheidenden Einfluss auf unseren Gesundheitszustand haben. Unser Geist und unser Körper sind untrennbar miteinander verbunden. Wir erinnern uns: „Auf der quantenmechanischen Ebene sind Geist und Körper eins." (Chopra, 1991: 139) Gedanken erzeugen Gefühle und gehen nicht nur mit biochemischen Reaktionen einher. Sie erzeugen spezifische Schwingungsmuster im subatomaren Bereich unseres Organismus. „Jede Zelle weiß, was Ihr Gehirn denkt, wie sich Ihre Stimmungen wandeln, worin Ihre tiefsten Überzeugungen bestehen." (Chopra, 2011: 96)

Viele therapeutische Methoden sind sich der Geist-Körper-Verbindung gewahr und zielen darauf ab, im Bereich des menschlichen Geistes Einfluss auf die Emotionen und somit auf die psychosomatisch bedingten Reaktionen des Körpers zu nehmen. Im vorangegangenen Kapitel hatte ich bereits die Methode der Meditation erwähnt. Bei ihrer Anwendung geht es im Wesentlichen darum, den fortwährenden Gedankenfluss zu durchbrechen und Ruhe im eigenen Innern einkehren zu lassen. Die Beherrschung der Gedanken und die gezielte Steuerung der Emotionen ist der eigentliche Schlüssel für Wohlbefinden und Gesundheit. In diesem Kontext gilt es, sich klar vor Augen zu führen, dass wir als erwachsene Menschen für unsere Gefühle selbst verantwortlich sind. Für unsere eigenen Gefühle können wir niemanden zur Rechenschaft heranziehen, auch wenn wir meinen, es habe unser Gegenüber Schuld daran, dass wir uns ärgern. Alles spielt sich in uns selbst ab. Und es liegt an uns herauszufinden, welche Ursachen dieses oder jenes Gefühl hat.

Oft erweist sich die Steuerung der eigenen Emotionen als schwieriges Unterfangen, da sich das Meiste unserer Gefühlswelt im Bereich des Unbewussten vollzieht. Glücklicherweise gibt es in unserer Zeit eine Vielzahl unterschiedlicher Methoden, die es uns ermöglichen, unbewusste Dynamiken ans Licht zu bringen. Beispielsweise ist die Aufstellungsarbeit eine wunderbare Methode, Unbewusstes explizit zu machen. Aber selbst wenn wir verstanden haben, mit welchen Ursachen bestimmte Gefühlsreaktionen oder innere Konflikte zu tun haben, bleiben wir vor die Aufgabe gestellt, unsere Gefühlswelt zu kultivieren. Wie aber gelingt uns dies?

Es gibt eine Vielzahl unterschiedlicher Wege, die zu einer ausgeglichenen Gefühlswelt und somit auch zu mehr Gesundheit führen. Alle aber haben mit einer Disziplinierung des eigenen Geistes zu tun. Die einfachste Methode ist wohl die der Meditation. Wie bereits gesagt: Beim Meditieren geht es darum, die fortwährenden Gedanken und Urteile im eigenen Kopf zu unterbrechen. Während man sich auf die Atmung konzentriert und zum Beobachter seiner Gedanken wird, lernt man diese als das zu erkennen, was sie sind, nämlich Gedankenkonstrukte, die uns davon abhalten, präsent zu sein und wahrzunehmen, was tatsächlich ist. Meditieren heißt, die eigenen Gedanken zu kontrollieren und ihnen Einhalt zu gebieten. Es geht darum, wirklich gegenwärtig zu sein. Denn zumeist sind wir damit beschäftigt, uns auf die Vergangenheit zu beziehen und unsere Vorurteile auf andere zu projizieren. Die Urteile über andere und uns selbst sind nicht selten der Grund für schlechte Gefühle. Unser Selbstempfinden speist sich aus den Urteilen und Bildern, die wir uns von uns selbst machen. Und diese sind in der Regel nicht wohlwollend, sondern abwertend. Wer meditiert, lernt seinen Geist zu kontrollieren und dessen Inhalte vorübergehend außer Kraft zu setzen.

Es ist nachgewiesen, dass tägliche Meditationspraxis zu einer neuronalen Umstrukturierung im Gehirn führt. Meditation bewirkt tatsächlich eine Veränderung auf physiologischer Ebene. Der in der Neurologie und Hirnforschung bekannte Begriff der „Neuroplastizität" besagt, dass wir zu jedem Zeitpunkt in unserem Leben

dazu in der Lage sind, willentlich und gezielt die struk-
turelle Beschaffenheit und Funktion unseres Gehirns
zu verändern. Allerdings setzt dies eine erhebliche Dis-
ziplin voraus. Ohne einen starken Willen und die entsprechende Bereitschaft, sich regelmäßig dieser Methode zu widmen, ist auch in diesem Bereich keine Veränderung möglich. Wer meditiert, weiß in der Regel,
warum er/sie dies tut. Tägliche Meditationspraxis erfordert die Absicht und Motivation, sein Innenleben
kultivieren zu wollen und verantwortungsbewusst für
das eigene Wohlbefinden zu sorgen. „Jeder von uns hat
einen Geist mit einem riesigen Potenzial. Wir haben die
Möglichkeit, eine Welt voller Mitgefühl und Wohlbefinden zu schaffen, und wir haben gleichzeitig die Fähigkeit, sinnlose Gewalt und Zerstörung herbeizuführen.
Eine zweite kraftvolle Lektion liegt in der tief gehenden
Plastizität des menschlichen Gehirns verborgen. Wir
können unseren Geist tätsächlich auf eine Weise fokussieren, die die Struktur und die Funktion des Gehirns
im Laufe unseres Lebens verändert. Als Haltung bietet
das Bewusstsein des gegenwärtigen Moments, ohne an
Urteilen festzuhalten, einen leistungsfähigen Weg für
Mitgefühl einerseits und inneres Wohlbefinden ander-
seits." (Siegel, 2007:131)

Die Imagination ist eine weitere Möglichkeit, negativen
Emotionen entgegenwirken zu können. Im Gegensatz
zur Meditation, die primär das Nichtdenken anstrebt,
geht es bei ihr darum, gezielt kraftvolle Bilder im

Geiste zu erzeugen. Die Macht der Vorstellungskraft wird heute sogar in der Behandlung von psychisch Kranken eingesetzt. Die Ärztin und Psychoanalytikerin Luise Reddemann hat die Methode der Imagination in die Psychotherapie integriert. Wie Reddemann betont, sei es unerlässlich, für die Schreckensbilder der Vergangenheit ein Gegengewicht im Hier und Jetzt zu finden. „Die innere Welt von Menschen, die ein Trauma nicht verarbeitet haben, ist eine Welt der Schrecken. Gedanken, Bilder, Gefühle, die irgendwie mit den traumatischen Erfahrungen zusammenhängen, scheinen die ganze Innenwelt okkupiert zu haben. [...] Wir schlagen vor, dieser Schreckenswelt nach und nach eine innere Gegenwelt entgegenzustellen. [...] Die Schwierigkeit für Menschen, die traumatisiert wurden, liegt darin, dass die Traumatisierung als traumatischer Prozess weitergeht. Und doch ist es wichtig, das Damals vom Heute unterscheiden zu lernen. [...] Die Kraft Ihren Schmerz zu heilen, erhalten Sie nicht durch die ausschließliche Konzentration auf Ihren Schmerz, sondern von Ihren positiven Gefühlen. [...] Wir raten die Schale des Glücks so aufzufüllen, dass sie ein Gegengewicht bilden kann zur Schale des Unglücks." (Reddemann, 2010: 31-33)

Unsere emotionalen Konditionierungen und traumatischen Erlebnisse aus der Vergangenheit bilden das Fundament unserer heutigen Gefühlswelt. Auch wenn das Vergangene längst nicht mehr ist, reagieren wir nicht selten emotional so, wie wir es aus unserer Vergangenheit gewohnt sind. Viele der emotionalen Reaktionsmuster, die wir mehr automatisch und unbewusst als reflektiert vollziehen, hindern uns daran, ein erfülltes und glückliches Leben in der Gegenwart zu führen. „Alles, was je war, erkenne ich an. Es geht nicht darum, zu verdrängen und zu vergessen, sondern es geht darum, sich selbst die Chance einzuräumen, dass das Heute, der jetzige Moment zur Verfügung stellt, was ich sein will. So kann ich schließlich meine Vergangenheit da lassen, wo sie hingehört, nämlich in die Vergangenheit, und kann mich auf einen neuen Weg begeben. Ich kann aus vielen Wegen wählen, auch Glück als Weg. [...] Wir haben alle jederzeit und überall ein Zaubermittel zur Verfügung: unsere Vorstellungskraft. Mit Hilfe dieser Vorstellungskraft ist es möglich, uns innere Welten des Trostes, der Hilfe und der Stärke zu erschaffen, unabhängig von der Freundlichkeit und Gewogenheit unserer Umgebung. [...] Unsere Fähigkeit zu imaginieren ist das Hilfsmittel, das uns in Kontakt bringt mit dem Heilsamen in uns." (Reddemann, 2010: 16)

Man darf nun aber nicht dem Irrtum erliegen und meinen, die Imagination sei ausschließlich eine therapeutische Methode für psychisch Kranke. Mitnichten! Wir nutzen ständig unsere Vorstellungskraft. Unsere Geistestätigkeit ist ausgesprochen imaginativ. Nur imaginieren wir zumeist nicht bewusst. Die Bilder, die wir uns im Geiste machen, wirken sich auf die eine oder andere Weise emotional auf uns aus. Das bildliche Denken kann bewusst oder unbewusst vollzogen werden. Unsere Vorstellungen und geistigen Bilder können lebensbejahend oder lebensverneinend sein. Nicht nur im Rahmen einer Therapie geht es darum, sich darüber klar zu werden, mit welchen Selbstbildern wir uns im Innern tragen. Die meisten der Bilder, die wir während unseres Sozialisationsprozesses von den uns betreuenden Bezugspersonen mit auf den Weg bekommen haben, sind unreflektiert übernommene Klischees und haben mit unserem eigentlichen Selbst sehr wenig zu tun. Es liegt an uns, dies zu durchschauen und die in vielen Fällen krankmachenden Selbstbilder zu entlarven und gegebenenfalls durch positive zu ersetzen.

Der Theologe und Psychotherapeut Uwe Böschemeyer betrachtet die inneren Bilder als Symbole der Seele. Er unterscheidet zwischen dem Bewussten und dem Unbewussten. Das Bewusste ist der Bereich der Sprache, des logisch-kausalen Denkens. Das Unbewusste hingegen bleibt dem rationalen Denken verschlossen. Für Böschemeyer ist das rationale mit dem bildhaften Denken nicht zu verwechseln. Er beschreibt diese Bereiche als zwei autonome Regionen, die zwar ineinandergreifen, jedoch unabhängig voneinander wirken. Die Bilder gehören für Böschemeyer in den Bereich der Seele und der Gefühlswelt. Für ihn sind die inneren Bilder Ausdruck des Unbewussten. Er vertritt die Auffassung, dass man sich über die Imagination einen Zugang zu der Welt der Seele erschließen kann. Mit der sogenannten „Wertimagination" hat er eine Methode ins Leben gerufen, gezielt Einfluss auf die Gefühlswelt nehmen zu können. Er bezeichnet die Wertimagination als „bewusste Wanderungen zum unbewussten Geist" (Böschemeyer, 2005: 45) und geht davon aus, dass man über die Auseinandersetzung mit den inneren Bildern Einfluss auf die Gefühlswelt nehmen kann. Aufgrund der Vielzahl an Wertimaginationen, die Böschemeyer geleitet hat, kommt er zu dem Schluss, dass es in der Bildsprache der Seele so etwas wie archetypische „Wertgestalten" gibt. Unter dieser Bezeichnung versteht er bildhafte Personifizierungen von Gefühlskräften, die sich bei jedem Menschen ähnlich zeigen. „Das Unbewusste hat nicht nur die Tendenz, seine Inhalte in allgemeinen Bildern zu zeigen, sondern auch in Personifizierungen." (Böschemeyer, 2005: 49) Aus seiner Sicht repräsentieren die Wertgestalten sozusagen die emotionalen Persönlichkeitsaspekte eines Menschen. Sie sind sowohl der Schlüssel für den Zugang zum Unbewussten als auch das Medium zur Gestaltung der Gefühlswelt. Indem der Imaginand im Rahmen einer geführten Imagination mit den Gefühlskräften des eigenen Innern in Form von bildlichen Personifizierungen konfrontiert wird, lernt er/sie seine/ihre emotionalen Reaktionsmuster bildhaft zu verstehen und kann mit den Wertgestalten in einen konstruktiven Dialog treten. Dergestalt ist man den eigenen Gefühlen nicht länger hilflos ausgeliefert, sondern kann gezielt mit ihnen kommunizieren, und sie gegebenenfalls in ihre Schranken verweisen.

Wir alle kennen dies, dass wir oft zwischen ambivalenten Gefühlen hin und her gerissen sind. In der Wertimagination würde es in diesem Fall darum gehen, den ambivalenten Gefühlen zunächst einmal ein Gesicht zu geben. In Form einer Wertgestalt lassen sich die widerstreitenden Gefühlskräfte gegenüberstellen. Der Imaginand kann dann als eine Art Mediator zwischen den bildhaften Gestalten vermitteln und lernt auf diese Weise, seine Gefühlskräfte bewusst zu kanalisieren. Ich erinnere mich an eine Klientin, die immer wieder unter starken Selbstzweifeln litt. Als ich sie im Rahmen einer Behandlung aufforderte, der inneren „Zweiflerin" eine Kontrahentin gegenüber zu stellen, sprach sie spontan von der „Selbstbewussten". In dem Moment wurde ihr klar, dass die Zweiflerin ein Abbild ihrer Mutter war, und dass es darum geht, der Selbstbewussten mehr Raum in ihrem Innern zu geben. Können die unterschiedlichen Gefühlskräfte als bildhafte Gestalten wahrgenommen werden, gelingt es besser, die eigenen Emotionen zu verstehen und sich bewusst für das Helle zu entscheiden. Die Schwierigkeit unserer Gefühlswelt besteht darin, dass unsere emotionalen Reaktionen zumeist unbewusst und automatisch ablaufen. Wenn man jedoch den Gefühlskräften ein Gesicht verleiht, ist man bereits auf dem Weg, diese aus dem Dunkel zu holen

und sie bewusst zu betrachten. „Wichtig ist die existen-
zielle Auseinandersetzung mit den Symbolen. Nicht
das Handeln, sondern das Erkennen und Verstehen der
Symbole, nicht die Aktionen führen reale Veränderungen herbei, sondern die *Begegnung* mit den Bildern.
Das bedeutet: Im Mittelpunkt der Wertimagination
steht die *gefühlte Erfahrung* der Gefühlskräfte." (Böschemeyer, 2005: 79)

Böschemeyers wertorientierte Imaginationsmethode
zeigt gleichermaßen wie Reddemanns Vorgehensweise
in der Traumatherapie, dass es letztlich darum geht,
den destruktiven Gefühlen im eigenen Innern mit positiven Kräften entgegenzuwirken. „Wer sich verändern
will, muss sich mit seinem Grund-problem auseinandersetzen und sich auf dessen Gegenpol ausrichten."
(Böschemeyer, 2005: 171) Obgleich Böschemeyer
seine Wertimagination nicht als therapeutische Methode verstanden wissen will, ist er der festen Überzeugung, dass bewusst imaginierte Bilder heilen können.
Bilder sind nicht bloß Projektionen unseres Geistes,
sondern „zeigen auch die Gefühlskräfte, die stark genug sind, körperliche und seelische Verletzungen zu
heilen." (2005: 23) Luise Reddemann spricht in diesem
Zusammenhang von einer „kognitiven Umstrukturierung" (2010: 68) und bezieht sich damit auf die Tatsache, dass durch das willentliche Setzen von Bildern, die
mit positiven Emotionen einhergehen, eine Verände-

rung des innerpsychischen Klimas vonstattengeht. Immer wieder betont sie, dass sich letztlich alles in unserem eigenen Innern abspielt, und dass unser Geist dabei eine zentrale Rolle einnimmt. „Ich möchte daran erinnern, dass wir alle Regisseure dieser inneren Bühne sind, aber auch Akteure, das heißt, letzten Endes bin ich alles selbst, was da auf meiner Bühne passiert." (2010: 81) „[...] jeder/jede ist Autor/Autorin der inneren Dramen oder Komödien und ist auch Regisseur und Dramaturg und Zuschauerin zugleich." (Reddemann, 2010: 48)

Im Allgemeinen sind wir uns nicht darüber im Klaren, dass wir all die Dramen und das Chaos, das wir zuweilen erleben, selbst inszenieren. Wir projizieren unsere Unzulänglichkeiten oft unbewusst auf unser Umfeld und haben die Tendenz, andere für unsere eigenen Gefühle verantwortlich zu machen. Aber das Gegenteil ist tatsächlich der Fall. Wir sind Herr/Frau in unserem Haus und müssen Sorge dafür tragen, was in diesem geschieht. Manchmal ist unser Haus sehr unübersichtlich und unaufgeräumt. Oft beheimatet es auch viele ungebetene Gäste. Aber immer sind wir dafür verantwortlich, was in diesem Haus geschieht. Es ist nicht immer einfach, alles in einer Person zu sein: Hausherr, Bewohner, Dramaturg, Autor, Regisseur und Zuschauer. Dennoch kann uns niemand diese Aufgabe abnehmen. Ob wir es wollen oder nicht, ob wir uns dessen bewusst sind oder nicht, als erwachsener Mensch sind wir immer selbst verantwortlich für das, was in unserem Inneren geschieht. Und oft ist es eine anstrengende Aufgabe, sich gegen die abwertenden Stimmen in uns aufzulehnen. In vielen Fällen ist es eine große Herausforderung, das Drehbuch, das wir mit auf den Weg bekommen haben, so umzuschreiben, dass daraus eine Liebeskomödie wird. Aber auch in diesem Kontext gilt der aus dem Volksmund stammende Satz: „Wo ein Wille, ist ein Weg." Und glücklicherweise leben wir in einer Zeit, die uns viele mögliche Wege der Persönlichkeitsentwicklung eröffnet.

Obgleich wir heute (wie nie zuvor in der Geschichte) einen ungehinderten Zugang zu allen Informationen haben, denke ich, sind wir uns nach wie vor zumeist nicht darüber im Klaren, welche fatalen Auswirkungen negative Gedanken und Gefühle auf unseren Gesundheitszustand haben können. Man möchte es kaum glauben, aber im Extremfall können Worte/Gedanken töten. Der Psychologe und Psychotherapeut Gary Schmid hat hierzu äußerst interessante Untersuchungen veröffentlicht. In seinem Buch „Tod durch Vorstellungskraft" thematisiert er Todesphänomene, die durch die Suggestivkraft des Geistes hervorgerufen wurden. Das Spektrum seiner Untersuchungen reicht vom Voodoo-Tod bis hin zu Todesfällen, die durch eine ärztliche Diagnose ausgelöst wurden. Schmid beschreibt den „psychogenen Tod" als ein drastisches

Beispiel für die Macht des Geistes. Für Schmid steht außer Frage, dass Gedanken auch töten können. „Die bewusste und unbewusste Verarbeitung von Information im lebenden Organismus kann heilen, krank machen und gar töten." (Schmid, 2011: 14) Wir mögen im Allgemeinen glauben, dass unsere Gedanken keinen Einfluss auf den Körper haben. Doch das Gegenteil ist der Fall. „Ja, jede Unzufriedenheit muss sich sogar körperlich ausdrücken, weil sich alle Gedanken biochemisch umsetzen." (Chopra, 1991: 139)

„Es wurde zweifelsfrei bewiesen, dass menschliche Gefühle eine direkte Wirkung auf die Funktion unserer Körperzellen haben." (Braden, 2014: 75) In seinem Buch „Im Einklang mit der göttlichen Matrix" geht Gregg Braden noch einen Schritt weiter und vertritt die brisante These, dass unsere Gefühle unsere physikalische Lebenswelt beeinflussen. Unter der göttlichen Matrix versteht Braden eine Art intelligentes Feld, das alles mit allem verbindet und zugleich die immaterielle Basis unserer stofflichen Realität darstellt. Aus seiner Sicht ist sie auf das Engste mit unserem Bewusstsein verbunden und reagiert auf unsere Emotionen. Er ist der Auffassung, dass wir die materielle Wirklichkeit gestalten können, indem wir kraft unserer Gefühle Einfluss auf das universale Quantenfeld ausüben. „Menschliche Gefühle haben Einfluss auf den Stoff, aus dem unsere Wirklichkeit besteht. Unsere innere Sprache verändert Atome, Elektronen und Photonen der äußeren Welt. Es geht weniger um die Worte, mit denen wir beten, als um das Gefühl, das sie in uns erzeugen. Gefühle sprechen zu den Quantenkräften unseres Universums. Gefühle sind die Sprache des göttlichen Urgrunds." (Braden, 2014: 115)

Für Braden ist das Gebet die entscheidende Kraft, über die göttliche Matrix das zu realisieren, was wir uns von Herzen wünschen. Allerdings versteht Braden unter Beten nicht das bloße Repetieren von Worten, sondern das Erzeugen einer emotionalen Kraft. Aus seiner Sicht muss das Gebet zu einem bewussten Seinszustand werden, bevor es vermag, unsere Wirklichkeit zu verändern. „Wenn Fühlen gleich Beten ist, befinden wir uns permanent in einem Zustand des Betens. Jeder Moment ist ein Gebet, unser ganzes Leben ist ein Gebet! Wir senden dem Spiegel der Schöpfung immerzu Botschaften, welche Heilung oder Krankheit, Frieden oder Krieg, Achtung oder Missachtung unserer Beziehungen zu den Menschen, die wir lieben, signalisieren. Das *Leben* ist der Geist Gottes, der uns zurücksendet, was wir fühlen – *was* wir gebetet haben." (Braden, 2008: 152)

Dass wir unserem emotionalen Zustand in der Regel keine große Aufmerksamkeit schenken, ändert nichts an der Tatsache, dass destruktive Gefühle krank machen können. Deshalb ist eine entsprechende

Psychohygiene die beste Prophylaxe. Die Meditation führt zur inneren Stille. Mit der Imagination können wir destruktiven Kräften im eigenen Geiste entgegenwirken. Das Gebet ist von allen Methoden wohl die schwierigste Form der emotionalen Disziplinierung. Denn es beinhaltet den Aspekt des Glaubens. Ohne den Glauben an eine höhere Macht gibt es auch kein Gebet. Das Gebet setzt voraus, dass ich an etwas glaube, das meine Person überschreitet. Ohne Gottvertrauen macht das Beten keinen Sinn. Was Gregg Bradens These von der traditionellen Auffassung des Betens unterscheidet, ist die Vorstellung, dass wir aufgrund unserer Überzeugungen und Gefühle selbst schöpferisch tätig sind. Das bedeutet, wir richten uns mit unserem Gebet nicht etwa an einen omnipotenten Gott, der unsere Wünsche möglicherweise erhört und erfüllt, sondern realisieren diese, indem wir Kraft unserer Gefühle auf ein unsichtbares Quantenfeld einwirken. Das ist ein entscheidender Unterschied. Für Braden ist Gott nicht der weise Herr im Himmel, sondern ein universales Feld, das uns stets das liefert, woran wir im tiefsten Innern glauben.

Es steht außer Zweifel, dass wir unser Dasein einer universalen Intelligenz zu verdanken haben. Und wir können sicher sein, dass diese Intelligenz auch weiterhin ohne unser Hinzutun wirkt. Sie ist in allem und durchdringt alles. Sie ist die Kraft, die Leben schafft und uns gesund erhält. Doch leider sind wir Menschen in unserem Denken und Tun der Hybris anheimgefallen. Wir meinen, der göttlichen Ordnung folgenlos zuwiderhandeln zu können. Dabei ist uns zumeist nicht bewusst, dass sich unsere Destruktivität letztlich gegen uns selbst richtet.

In der Bibel heißt es, Gott sei die Liebe. Wenn nun aber die Liebe das Wesen der göttlichen Intelligenz ist, und man sieht, was der Mensch sich selbst und anderen antut, kann man sich vielleicht vorstellen, wie sich seine Destruktivität auf das Quantenfeld und seinen ihm von Gott gegebenen Körper auswirkt. Die amerikanische Geistliche und Bestsellerautorin Catherine Ponder vertritt die Auffassung, dass alles dieser einen göttlichen Liebe geschuldet ist, und dass Verstöße gegen sie zwangsläufig zu Krankheit und Verfall führen. „Jede Krankheit rührt von einer Verletzung des Gesetzes der Liebe her." (Ponder, 1992: 106)

Ponder ist der festen Überzeugung, dass wir, um heil und vollkommen gesund sein zu können, unseren Geist auf die Liebe Gottes ausrichten müssen. Aus ihrer Sicht erfordert dies eine absolute Disziplinierung des menschlichen Geistes. Für sie sind die Gedanken der Schlüssel für Glück und Gesundheit. Um die eigene Geistestätigkeit entsprechend zu kultivieren, empfiehlt sie das tägliche Wiederholen von speziellen Affirmationen. Statt mit imaginierten Bildern arbeitet Ponder mit der Kraft der Sprache. Für sie sind Worte nicht nur Träger von Bedeutungen, sondern Energien, die Schwingungen erzeugen. Sie sollen den Menschen ganz gezielt auf das Schwingungsmuster der Liebe ausrichten. Die Affirmationen, die Ponder in ihrem Buch vorschlägt, erheben den Anspruch, denjenigen, der sie regelmäßig wiederholt, mit der göttlichen Ordnung in Einklang zu bringen. „Man sollte ständig Worte des Lebens, der Gesundheit und der Vitalität sprechen und seine Stimme in immerwährendem Lob erheben. Auf diese Weise bringt man seinen ganzen Organismus auf eine hohe, gesunde, harmonische Schwingungsstufe, die sich als gute Gesundheit in Geist, Körper und allen persönlichen Angelegenheiten widerspiegelt." (Ponder, 1992: 135)

Obgleich Ponder ihre Affirmationen nicht ausdrücklich als Gebete bezeichnet, haben sie doch einen religiösen Charakter. Das ist insofern verständlich, als dass sie inhaltlich immer darauf abzielen, den menschlichen Geist auf die göttliche Intelligenz auszurichten. Im Gegensatz zu Gregg Braden, der davon ausgeht, dass das Gebet die göttliche Matrix beeinflusst, beschränken sich Ponders Darlegungen auf die Annahme, dass die Affirmationen sozusagen von innen heraus wirken. Äußerst interessant und einer eingehenden Diskussion würdig ist Ponders Radikalität hinsichtlich ihrer Auffassung von Krankheit. Denn sie ist der festen Überzeugung, dass Krankheit letztlich immer selbstverschuldet ist. „Krankheit ist selbst verursacht! Krankheit wird durch falsche Gedanken, Einstellungen und Glaubenssätze ausgelöst, die den Körper tangieren und durchdringen und dabei die Lebenskraft drosseln. [...] Wenn wir diese negativen Glaubenssätze und Emotionen verändern, verändern wir damit gleichzeitig den Körper, in dessen Zellen sie gespeichert sind." (Ponder, 2007: 23)

Wenn ich persönlich auch nicht der Meinung bin, dass man die Entstehung von Krankheit einzig und allein auf destruktives Verhalten im Geiste und der Gefühlswelt reduzieren kann, denke ich doch, dass in der Auffassung von Catherine Ponder sehr viel Wahrheit liegt. Jeder Einzelne von uns ist ein Kind Gottes. Und wir alle unterliegen dieser einen Schöpferkraft. Unser Organismus besitzt eine körpereigene Intelligenz und verfügt über ihm innewohnende Selbstheilungskräfte. Im Allgemeinen müssen wir uns nicht um unsere Gesundheit sorgen. Diese Aufgabe übernimmt unser Organismus selbst. Schwierig wird es, denke ich, wenn wir unserem Körper etwas zumuten, wofür er von Natur aus nicht geschaffen ist. Es besteht kein Zweifel, wir sind in der Regel zu vielen Faktoren ausgesetzt, die unserer Gesundheit nicht zuträglich sind. Und zu diesen Faktoren gehören eben auch die destruktiven Gedanken und Emotionen. Ob nun Meditation, Imagination, Suggestion oder Gebet... All diese Methoden bieten uns die wunderbare Möglichkeit, emotional für uns zu sorgen

und nicht der Destruktivität im eigenen Innern anheim-
zufallen.

Es führt kein Weg daran vorbei. Wir sind für unsere Gesundheit und das, was sich in unserem Innern mental
sowie emotional ereignet, selbst verantwortlich. Jeden
Augenblick haben wir die Wahl, entweder das Gute
oder das Schlechte zu fokussieren. Wir können Ärger,
Hass oder Ängsten in uns Raum geben oder Freude
und Liebe in uns kultivieren. Wir sind es, die darüber
entscheiden, was in unserem Innern passiert. Auch
wenn es uns situativ nicht immer gelingt, Wohlwollen
in unserem Innern walten zu lassen, so haben wir doch
stets die Möglichkeit, uns entweder professionelle
Hilfe zu suchen oder uns einer der genannten Methoden zu bedienen.

9. Heilung und Selbstheilungskräfte

Das Wort „Heilung" wird in spirituellen Kreisen und der Esoterikszene oft sehr inflationär gebraucht. Viele Bücher, Internetseiten und Anzeigen in einschlägigen Zeitschriften erwecken den Eindruck, als sei Heilung ganz einfach zu schaffen. Man müsse nur diese oder jene Methode anwenden beziehungsweise dieses oder jenes Mittel einnehmen, und schon sei man von allem Übel befreit. So schön diese Vorstellungen sein mögen, eine tiefgreifende Heilung erfordert in den meisten Fällen einen intensiven therapeutischen Einsatz.

In der Kinesiosophie gehen wir davon aus, dass jede Krankheit das Ergebnis eines inneren Konfliktes ist. Gemäß dieser Prämisse geht es zu Beginn einer Behandlung darum herauszufinden, wo die psycho-energetischen Ursachen für die jeweilige Disposition zu begründen sind. Krankheit und Leiden sind in der Regel das Resultat eines sehr komplexen Prozesses. Aus diesem Grund erfordert die energetische Therapie unter Umständen mehrere Behandlungen, bis man das gewünschte Ergebnis erreicht hat. Seitens des Klienten bedarf es nicht selten eines starken Willens, trotz möglicher Rückschläge beharrlich an den eigenen Gefühlen zu arbeiten.

Interessanterweise haben viele Menschen die Hoffnung, der Heiler könne Wunder vollbringen. Wenn gewisse Personen nach der ersten Behandlung nicht gleich eine Verbesserung ihrer Symptomatik feststellen können, geben sie oft vorschnell auf. Der Wunsch, dass der Behandler Wunderheilungen bewirkt, ist weiter verbreitet als die Bereitschaft, etwas an den eigenen Überzeugungen und Gefühlen verändern zu wollen. Jede Heilung aber setzt eine Haltungsveränderung voraus. Und diese kann nur die betroffene Person selbst vollziehen. Der Therapeut hat dabei die Aufgabe, dem Klienten seinen Schatten zu spiegeln. Im Grunde spielt bei jeder Heilung der Klient die zentrale Rolle. Will sich der/die Betroffene nicht verändern, wird auch der beste Therapeut nicht viel bewirken können. Die Bereitschaft, sich intensiv mit den fundamentalen Gefühlen auseinandersetzen zu wollen, ist die Grundvoraussetzung für jeden Heilungsprozess. Wenn Krankheit aufgrund von falschen Überzeugungen und Disharmonien im Gefühlsbereich entsteht, hat Heilung immer etwas mit einem geistig-emotionalen Wandel zu tun.

Aufgrund meiner Erfahrung als Therapeut glaube ich nicht, dass Heilung sozusagen im Schnellverfahren zu haben ist. Zwar gibt es immer wieder verblüffende Erfolge in der energetischen Therapie, bei denen sich unmittelbar Heilungen selbst von schweren Krankheiten einstellen, aber in der Regel bedarf es einiger Sitzungen, bis sich nachhaltig etwas verändert. Wenn man sich vor Augen führt, dass sich unsere Psyche nicht nur aus den Erfahrungen unserer derzeitigen Biografie speist, sondern möglicherweise auch transgenerationale Dynamiken und Seelisches aus vergangenen Leben auf diese einwirken, wird verständlich, warum es unter Umständen etwas mehr Zeit in Anspruch nehmen kann, bis sich eine Verbesserung der Symptomatik einstellt. Wir Menschen sind sehr komplexe Wesen, und oft verstehen wir unsere emotionalen Reaktionen selbst nicht recht. Herauszufinden, welche Ursachen es hat, warum uns dieses oder jenes im Innern quält und Mittel zu finden, dem inneren Leiden ein Ende zu setzen, ist eine große Herausforderung.

Ein weiteres weitverbreitetes Missverständnis besteht in der Annahme, dass eine Heilung dasselbe sei wie die Wiederherstellung von Gesundheit. Diese Vorstellung gilt es zu revidieren. Die Rekonvaleszenz basiert auf anderen Prinzipien als ein Heilungsgeschehen. Der menschliche Organismus verfügt über eine ihm innewohnende Intelligenz. Er besitzt körpereigene Selbstheilungskräfte. Diesen können wir nichts hinzufügen. Im Rahmen einer energetischen Therapie werden die Faktoren verändert und eliminiert, die zu einer Schwächung der körpereigenen Selbstheilungskräfte geführt haben. Die Energiearbeit hat das Ziel, den Menschen auf allen Seinsebenen in die Harmonie zurückzuführen. Ist dies der Fall, kann die körpereigene Intelligenz ungehindert wirken und sich Gesundheit einstellen.

Nicht immer aber führt eine Heilung automatisch auch zu mehr körperlicher Gesundheit. Eine Heilung erfolgt auf einer anderen Ebene als der Physiologie. Wenn Krankheiten sich über Jahre manifestiert haben, kann es sein, dass diese durch energetische Arbeit nicht mehr rückgängig zu machen sind. Wie der Organismus nach einer energetischen Behandlung reagiert, ist nicht vorhersagbar. In jedem Fall aber reduziert die Behandlung diejenigen Faktoren, welche die körpereigenen Selbstheilungskräfte negativ beeinträchtigen.

Es geht darum, alle Faktoren, die unserem Organismus nicht zuträglich sind, sukzessive aus unserem Leben zu eliminieren. Krankheit ist in den meisten Fällen ein Korrektiv, das uns auf unsere innere Fehlhaltung hinweisen will. Aber unabhängig davon, ob ein Mensch körperliche Leiden hat oder nicht, geht es im Leben immer darum, dass wir mit unserer Seele in Kontakt kommen und die Botschaften des Unbewussten verstehen. Das Unbewusste hat eine größere Macht, als wir uns gemeinhin vorstellen können. Viele Potenziale schlummern in dem Bereich, der unserem Verstand nur bedingt zugänglich ist. Es ist zumeist unser Ego, das glaubt, alles kontrollieren zu müssen und durch seinen Kontrollwahn innere Konflikte schafft. Unsere Seele aber spricht eine andere Sprache als unser rationales Denken. Und die gilt es zu verstehen. Wenn wir nicht mit unseren Gefühlen im Reinen sind, können wir weder glücklich noch heil oder gesund sein. Bei alldem ist die energetische Therapie ein Weg, mit sich selbst ins Reine zu kommen. Die Kinesiosophie ist dabei mehr als bloß eine Heilmethode. Sie ebnet den Weg für ein Leben im Einklang mit sich selbst und der großen Seele.

10. Bewegungen der Seele, Kinesiosophie

Wenn man die Inhalte der vorangegangenen Kapitel Revue passieren lässt, bekommt man eine Vorstellung davon, was die kinesiosophische Heilarbeit beinhaltet. Alle Aspekte, die ich vorab thematisiert habe, sind Bestandteil dieser Heilmethode. Die Kinesiosophie ist ein Mix aus unterschiedlichen Verfahren, deren therapeutische Intention darin besteht, den Menschen mit seiner Seele in Kontakt zu bringen und sein Leiden mit Hilfe ihrer Weisheit zu wandeln.

In der Kinesiosophie ist die „große Seele" (Hellinger, 2005: 21) von zentraler Bedeutung. Sie ist das Fundament dieser Heilmethode. Denn in ihr ist alles therapeutisch Relevante enthalten. Sie kann sowohl Aufschluss über die Ursachen von Krankheiten geben als auch deren Heilungswege aufzeigen. Die Erfahrungen und Gefühle eines Menschen wirken nicht nur in ihm, sondern sind auch in der großen Seele latent vorhanden. Unsere Gefühlswelt ist unabhängig von der Präsenz unserer Person an jedem beliebigen Ort dieser Welt abrufbar. Die Seele ist allgegenwärtig. Unabhängig von Raum und Zeit können wir uns an ihr Wissen anschließen. Ob dies im Rahmen einer Aufstellung, während einer Behandlung oder in alltäglichen Situationen geschieht, spielt dabei keine Rolle. Sie ist überall und hält ihr Wissen bereit. Auch wenn wir sie im Alltag nicht bewusst wahrnehmen, sie ist stets gegenwärtig und Teil unseres Seins.

Pim van Lommel hat den Begriff des „endlosen Bewusstseins" geprägt. Er spricht nicht von einer Seele, sondern bezeichnet dieses Phänomen als ein übergeordnetes Bewusstsein. Unabhängig davon, welche Begriffe wir bevorzugen, es besteht kein Zweifel daran, dass unsere Emotionen die Grenzen unserer Körperlichkeit weit überschreiten. Es ist, als lebten wir in einer Art transpersonaler Gefühlswelt, in der Vergangenheit und Gegenwart gleichermaßen existierten. Alles, was wir denken und fühlen beziehungsweise gedacht, gefühlt und getan haben, ist unabhängig von Raum und Zeit latent vorhanden. Der in diesem Kontext für die Therapie relevante Punkt ist die Tatsache, dass Aspekte des endlosen Bewusstseins jederzeit verändert werden können. Die Raumzeitlosigkeit unserer emotionalen Erinnerungen ermöglicht es, sie unabhängig von Raum und Zeit zu korrigieren. Alles, was war und ist, kann im Hier und Jetzt in seiner energetischen Struktur verändert werden. Es ist jederzeit möglich, sich mit der raumzeitlosen Existenz der Seele zu verbinden und in ihr Veränderungen vorzunehmen. Zwischen der Individualseele des Einzelnen und der „großen Seele" des Ganzen besteht keine Trennung. „Die Seele ist also nicht eine einzelne Seele. Sie umfasst alle Seelen, die wir als einzelne Seelen wahrnehmen." (Hellinger, 2005: 25)

Die Kinesiosophie betrachtet den Menschen nicht als isoliertes Wesen, sondern als einen Teil des großen Ganzen. Ihr therapeutisches Wirken zielt darauf ab, den Menschen mit seiner Seele in Kontakt zu bringen und ihn an ihre Weisheit anzubinden. In der Kinesiosophie werden die Ursachen für Krankheit als eine Disharmonie der Seele wahrgenommen. Wir gehen davon aus, dass jedem körperlichen Leiden eine Traumatisierung der Seele zugrunde liegt. Seelische Verletzungen müssen aber nicht ausschließlich aus diesem Leben stammen. Nicht selten kommt es vor, dass Menschen aufgrund karmischer Überbleibsel Probleme in der Gegenwart haben. Daskalos hat den Begriff der „permanenten Persönlichkeit" (Markides, 2004: 102) geprägt und geht wie viele andere davon aus, dass Erfahrungen von einem Leben ins nächste getragen werden. In der Tat sind karmische Erinnerungen Bestandteil der meisten Behandlungen. Es gibt immer wieder Menschen, die unter den Folgen der Erlebnisse aus einer anderen Existenz leiden. Im Rahmen einer Behandlung prüfe ich stets, ob das Anliegen, mit dem jemand in die Therapie kommt, möglicherweise mit einem vergangenen Leben zu tun hat. Alles ist im Weltgedächtnis gespeichert, so auch die Information, ob das derzeitige Leiden aufgrund einer karmischen Dynamik entstanden ist. Das Empfangen entsprechender Informationen und Bilder ist wesentlicher Bestandteil der kinesiosophischen Therapie. Die Seele hält alle Informationen bereit. Sie liefert Bilder und Emotionen, die Aufschluss über die

Ursachen für das Leiden geben und zeigt auch die für eine Heilung erforderlichen Entwicklungsschritte auf.

Die Raumzeitlosigkeit der Seele zeigt sich am deutlichsten während einer Fernbehandlung. Es macht für den Therapieerfolg keinen Unterschied, ob ich mit meinem Klienten in ein und demselben Raum sitze oder, ob dieser sich während der Behandlung auf einem anderen Kontinent befindet. Die Fernheilung ist eine der faszinierendsten Möglichkeiten meiner therapeutischen Arbeit. Da die Seele raumzeitlos ist, sind während der Behandlung die physikalischen Gesetze, die beispielsweise für den Körper gelten, irrelevant. Jede Individualseele ist ein Teil der großen Seele. Und da diese allgegenwärtig ist, kann ich unabhängig von Raum und Zeit Einfluss auf ihre individuellen Aspekte nehmen. Krankheit und Leid werden durch Verletzungen der Seele hervorgerufen. Heilung bedeutet, diese Verletzungen energetisch aufzulösen. Und dies kann unabhängig von der körperlichen Präsenz der betroffenen Person geschehen. Da die Seele hier und dort zugleich ist, kann sowohl hier als auch dort behandelt werden.

Aber trotz all der therapeutischen Möglichkeiten mit der Seele in einen bewussten Kontakt treten zu können, bleibt uns ihr Wesen als solches verschlossen. Unser rationaler Verstand ist nicht in der Lage, es zu ergründen. Obgleich wir die Präsenz der Seele wahrnehmen können, bleibt sie für uns ein Mysterium. „Was die Seele wirklich ist, wissen wir nicht. Wir können aber ihre Wirkungen beschreiben, so weit sie für uns erfahrbar werden, und wir können einige ihrer Gesetze beschreiben oder die Ordnungen, welche sie uns vorgibt. Der Einblick in diese Ordnungen ermöglicht es uns, der Seele zu folgen, uns im Einklang mit ihr zu verhalten und, so seltsam es klingt, im Einklang mit ihren immer umfassenderen Dimensionen ganz zu uns selbst zu finden." (Hellinger, 2005: 25)

Was in Hellingers Worten so einfach klingt, zeigt sich erfahrungsgemäß als schwierige Aufgabe. In unserem Kulturkreis lebt man im Allgemeinen nicht im Einklang mit der Seele, sondern ist damit beschäftigt, die Karriereleiter emporzuklimmen und den Leistungsanforderungen dieser Gesellschaft gerecht zu werden. Wir lernen sehr früh, uns von unseren Gefühlen zu distanzieren und dem Rationalen den Vorrang zu geben. Erst wenn die innere Not unerträglich wird, öffnet sich der eine oder andere für das Unbewusste des eigenen Selbst. Die meisten ziehen es vor, ihre negativen Gefühle auf andere zu projizieren und dabei unbewusst ihre Krankheiten zu kultivieren. Im Einklang mit der Seele zu sein, ist nichts, was uns geläufig wäre. In der Regel sind wir nur unter großem Leidensdruck für die Botschaften der Seele empfänglich. Obgleich es im

Grunde einfach wäre, sich der Führung der Seele anzu-
vertrauen, tun wir uns äußerst schwer, unser Leben im
Einklang mit ihr zu gestalten.

In der Kinesiosophie geht es aus diesem Grund um die
Wiederherstellung einer bestimmten Haltung. Die
Liebe zum Sein und dem eigenen Selbst ist die Voraussetzung für Glück und Gesundheit. „Liebe ist die beste
Medizin." (Paracelsus) Sie ist nicht bloß ein Gefühl, das
ich für diesen oder jenen Menschen empfinden kann,
sondern die treibende Kraft in diesem Universum. Sie
ist die Kraft, die Leben schafft. Empfinden wir Liebe,
schwingen wir im Gleichklang mit Gottes Schöpferkraft, und Heilung wird uns zuteil. Alle Emotionen, die
der göttlichen Liebe zuwiderlaufen, führen letztlich zu
Krankheit und Verfall.

Worin die zentrale Aufgabe des Therapeuten besteht,
hat der Arzt und Kinesiologe John Diamond trefflich
formuliert: „Es lag mir noch nie wirklich daran, Krankheiten zu heilen oder zu diagnostizieren. Ich wollte immer nur den Hass der Patienten in Liebe umwandeln.
Es wurde mir immer mehr bewusst, dass es auf nichts
anderes ankam. [...] Die Diagnose ist ohne Belang, es
zählen nur die Beschränkungen der Liebe." (Diamond,
1991: 13)

Diamond geht davon aus, dass es letztlich nur zwei grundlegende Emotionen gibt: Liebe und Hass. Für ihn ist ein Leben in Liebe und Dankbarkeit die Voraussetzung für Gesundheit. Hass ist aus seiner Sicht die Abkehr vom Göttlichen und führt zu einer Verringerung der Lebensenergie. Im Grunde bezeichnen die Begriffe „Gott", „Liebe" und „Lebensenergie" ein und dieselbe Kraft. Gott ist Liebe und Lebensenergie. Worüber wir uns zumeist nicht im Klaren sind, ist die Tatsache, dass unser eigenes Selbst eine Manifestation dieser göttlichen Schöpferkraft ist. Unser konditioniertes Ich mit all seinen falschen Selbstbildern meint dieses oder jenes sein zu müssen und leugnet dabei seine göttliche Existenz. Alles, was der Liebe Gottes in uns zuwiderläuft, schwächt unsere Lebensenergie. Sind wir hingegen von Liebe erfüllt, entsprechen wir dem Sinn des Seins.

Der Begriff „Kinesiosophie" setzt sich aus den griechischen Worten *kinesis* (Bewegung) und *sophía* (Weisheit) zusammen und deutet darauf hin, dass es bei dieser Heilmethode um die Bewegungen der Seele geht. Vertrauen wir ihrer Weisheit, weist sie uns den Weg in die Liebe, und wir werden heil. Denn heil sein heißt, in Gottes Liebe sein. Liebe ist die Essenz unseres Seins.

Quellen- und Literaturverzeichnis

Böschemeyer, Uwe (2005): *Unsere Tiefe ist hell. Wertimagination – ein Schlüssel zur inneren Welt.* 1. Auflage. München: Kösel-Verlag GmbH.

Braden, Gregg (2008): *Verlorene Geheimnisse des Betens.* 2. Auflage. EchnAton-Verlag.

Braden, Gregg (2014): *Im Einklang mit der göttlichen Matrix. Wie wir mit allem verbunden sind.* 10. Auflage. Burgrain: Koha-Verlag GmbH.

Chopra, Deepak (2004): *Die sieben geistigen Gesetze des Erfolgs.* 1. Auflage. Berlin: Ullstein Buchverlage GmbH.

Chopra, Deepak (2011): *Heilung.* 3. Auflage. München: Nymphenburger Verlag.

Diamond, John (1991): *Leben als Cantillation. Analyse der Lebensenergie als Befreiung der Liebe.* 1. Auflage. Freiburg: Verlag für angewandte Kinesiologie.

Hellinger, Bert (2001): *Ordnungen der Liebe.* 5. Auflage. Leck: Clausen & Bosse.

Hellinger, Bert (2005): *Wahrheit in Bewegung.* 1. Auflage. Freiburg im Breisgau: Herder Verlag.

Jung, Carl Gustav (1992): *Gesammelte Werke.* 6. Auflage. Olten: Walter-Verlag AG.

Jung, Carl Gustav (1983): *Seele und Tod*. In: *Das C.G. Jung Lesebuch*. 1. Auflage. Olten und Freiburg im Breisgau: Walter-Verlag

Kabat-Zinn, Jon (1994): *Gesund durch Meditation. Das große Buch der Selbstheilung*. 1. Auflage. Bern: Scherz Verlag.

Kampenhout, Daan van (2003): *Die Heilung kommt von außerhalb. Schamanismus und Familien-Stellen*. 2. Auflage. Heidelberg: Carl-Auer-Systeme Verlag.

Lommel, Pim van (2014): *Endloses Bewusstsein. Neue medizinische Fakten zur Nahtoderfahrung*. 6. Auflage. Ostfildern: Patmos Verlag.

Markides, Kyriacos C. (2004): *Der Magus von Strovolos. Die faszinierende Welt eines spirituellen Heilers*. 2. Auflage. Darmstadt: Schirner Verlag.

Ponder, Catherine (1992): *Die Heilungsgeheimnisse der Jahrhunderte*. 10. Auflage. München: Goldmann Verlag.

Ponder, Catherine (2007): *Die dynamischen Gesetze der Heilung*. 5. Auflage. München: Goldman Verlag.

Praagh, James von (2003): *Die Weite zwischen Himmel und Erde. Entdecken Sie Ihre übersinnlichen Fähigkeiten*. München: Anstata Verlag.

Reddemann, Luise (2010): *Imagination als heilsame Kraft. Zur Behandlung von Traumafolgen mit ressourcenorientierten Verfahren*. 15. Auflage. Stuttgart: Klett-Cotta.

Siegel, Daniel J. (2007): *Das achtsame Gehirn*. Korrigierte Neuauflage. Freiamt: Arbor Verlag.

Steiner, Rudolf (1983): *Die Offenbarung des Karmas*. 7.-15. Tsd. Auflage. Basel: Zbinden Druck und Verlag AG.

Steiner, Rudolf (1987): *Wie erlangt man Erkenntnisse der höheren Welten?* 113.-130. Tsd. Auflage. Leck: Clausen & Bosse.

Steiner, Rudolf (1975): *Aus der Akasha-Chronik*. 1.-10. Tsd. Auflage. Basel: Zbinden Druck und Verlag AG.

Steiner, Rudolf (2012): *Theosophie. Einführung in übersinnliche Welterkenntnis und Menschenbestimmung*. 32. Auflage. Basel: Rudolf Steiner Verlag.

Schmid, Gary (2010): *Tod durch Vorstellungskraft*. 2. Auflage. Wien: Springer Verlag.

Schmid, Gary (2011): *Tod und Selbstheilung durch Vorstellungskraft? Ein Interview mit Dr. Gary Bruno Schmid*. BBSG Verlag. www.mammamia-online.de

Sui, Choa Kok (2012): *Grundlagen des Pranaheilens*. 14. Auflage. Burgrain: Koha-Verlag.

Weber, Gunthard, **Schmidt**, Gunther, **Simon**, Fritz (2005): *Aufstellungsarbeit revisited*. 1. Auflage. Heidelberg: Carl-Auer Verlag.

Wittgenstein, Ludwig (1995): *Tractatus logico-philosophicus. Tagebücher 1914-1916, Philosophische Untersuchungen.* 10. Auflage. Frankfurt am Main: Suhrkamp (Suhrkamp-Taschenbuch Wissenschaft; 501).

FSC
www.fsc.org
MIX
Papier | Fördert
gute Waldnutzung
FSC® C083411

Zeitfracht Medien GmbH
Ferdinand-Jühlke-Straße 7
99095 Erfurt, Deutschland
produktsicherheit@kolibri360.de